Heinrich Schmidt-Barrien

Schnoor №. 6

Heinrich Schmidt-Barrien

Schnoor No. 6

Heini Holtenbeen-Anekdoten

Johann Heinrich Döll Verlag

Bremen 1984

Einbandzeichnung: Eva Kausche-Kongsbak, Worpswede
Gesamtherstellung:
Poeschel & Schulz-Schomburgk, Eschwege
ISBN 3-88808-015-0

Inhalt

In Oberneuland, neben der Kirche links, ist 1981 ein Gedenkstein auf Initiative des Verlegers errichtet worden, er trägt die Inschrift:

„Zum Gedenken an Jürgen Heinrich Käberle, genannt Heini Holtenbeen. * 18. 4. 1835 † 13. 9. 1909. Bestattet am 16. 9. 1909 auf diesem Kirchhof“.

Heini Holtenbeen

Er war in aller Munde. Sein Schnack „Un wenn de Welt togrunne geiht, denn gah ick na Hannober; dar heff ick Verwandte“ ging lange vor den bösen Kriegen mit Smustergrienen durch alle Schichten der Bevölkerung. Seine „teihndusend Särge“ wurden in der Neustadt ebenso vergnüglich zitiert wie in der Steffensstadt, in Walle und Schwachhausen. Die Bremer hätten ihm mit Mudder Cordes und ihrem Esel zusammen gern ein Denkmal gesetzt. Sie hätten ihn gern so groß und in ganz Deutschland bekannt gesehen wie den Hamburger Hummel-Hummel. So erzählten sie gern und viel von ihm, in Hoch und Platt und in Messingsch. Aber sie mußten immer wieder feststellen, daß es ihm, genau so wie dem Hamburger Original, an Hintergrund, an Substanz fehlte. War er im Grunde genommen nicht bloß der armselige allmittägliche Zigarrenstummelsammler von der Börsentreppe am Markt?

Gleichwohl war er, der eigentlich Käberle hieß, in aller Munde als Heini Holtenbeen. Und auf den folgenden Seiten wird also der Versuch unternommen, ein etwas größeres, ein helleres und durchsichtigeres Bild von ihm zu zeichnen, ein Bild, das sich aus den Anekdoten aller Bevölkerungsschichten zusammenfügt, fast wie ein altes Glasfenster anzusehen. Freilich sind es erdachte Anekdoten, gefundene dazu und auch transponierte, von der Wahrheit, wenn man so will, also ziemlich weit entfernte. Und doch zeichnen sie ein Porträt, wie es gewesen sein könnte, auch, wenn die fiktiven Erzähler gar vor seiner Zeit gelebt haben oder seine Lebenskreise kaum hätten berühren können. Um gütige Nachsicht wird also gebeten, auch, wenn die plattdeutsche Sprache hier in verschiedenen Schattierungen erscheint – Bremisch, Niedersächsisch und Oldenburgisch. Mit der Auswahl der Erzähler ergab es sich so.

Diese sind in der alphabetischen Reihenfolge: Ottjen Alldag, Hans Casten, Georg Droste, Emil Felden, Friedrich Freudenthal, Betty Gleim, Hinnerk Gronau, Johann Hohnholt, Anton Kippenberg, Karl Lerbs, Friedrich Lindemann, Isaak Löwenstein, Oskar Mauritz, Wilhelm Rocco, Alma Rogge, Ludwig Roselius, Wilhelm Scharrelmann, Hermann Smidt, Diedrich Steilen, Hermann Tardel, Eberhard Thulesius, Friedrich Wagenfeld, Johannes Wiegand. Dazu ein paar Zeitgenossen aus der anonymen Umwelt von Heini Holtenbeen.

Schmidt-Barrien

Fiev Groschen
(Diedrich Steilen vertellt)

De lüttje Heini Holtenbeen, acht Jahr oold, steiht unner'n Juxmajor in'r Wüstenstätte un brullt, wat he man hergeben kann. Dat duurt eenen Buckschipper, de dar vorbikummt, un he fraagt den Lüttjen: „Wat hest denn so to weenen, mien Jung?"

„Och, Unkel, ick heff 'n Fievgroschenstuck verlaren, un nu haut se mi, wenn ick ant Huus k-kaam."

„Na kumm, ick geef di fiev Groschen wedder. Hier!"

Do weent de Lüttje noch duller. „Na, ick meen, nu is doch allens good, worum huulst denn nu noch?"

„Ja, nu verneiht se mi erst recht, worum ick nich seggt heff, ick harr 'n g-ganzet Markstuck verlaren!"

Vont Paradies
(Georg Droste vertellt)

Dat Kind Heini Holtenbeen, wenn'k so seggen draff, hett natürlich ok sien Deel Bibelunnerricht afkregen. Stellt dar in de Klass von de Martinikarkenschool so'n jungen Schoolmester an de Kinner de Fraag, wannehr Adam un Eva ut dat Paradies woll verdreben worden sünd. He will natürlich wat von den Sündenfall ut de Kinner ruthalen, aber keen Kind meldt sick. Tolest reckt de lüttje Heini den Arm hoch un seggt: „In'n Herbst, Herr Butenschön!"

„Wieso denn im Herbst?"

„Na, k-klaar doch, denn sind die Äppel bei Pastor Büttner in'r G-Gartenstraße, die – die Grafensteiners da in'n Pastorengarten, die sind denn reif."

Knoten
(Jann Wiegand erzählt)

Zwei Jungens von der Tiefer spielten auf dem Altenwallrasen mit ihren beiden Hunden. Immer wieder versuchten sie, die Schwänze der Tiere aneinanderzuknoten. Eine ältere Dame, auf dem Wege zu unserm Schauspielhaus kam darüber zu und empörte sich: „Wollt ihr mal aufhören, die Tiere so zu quälen! Wenn ich das mit euch nu mal so machen wollte!“

Fing der kleine Heini Holtenbeen (der war der eine) lauthals an zu lachen, schlug koppheister vor Vergnügen und krähte: „Können Se denn so lüttje, Madam?“

Bandworm
(Ottjen Alldag vertellt)

In'n Werserstrandsand, nich wiet von'n Olen Wall, von den Windmöhlenbarg, speelt de Jungs von'n Snoor. Kummt dar 'n Herrn von'n Osterdiek bi jem vorbi un will tokieken, markt abers nich, datt em een von sien „Sockenhalters" unnen ut dat Boxenbeen ruthangen deit. De littje Heini Holtenbeen kriggt dat natürlich foors spitz, stott mit Ogenplinkern sien Speelkameraden an un roppt denn luuthals: „Unkel, wenn du 'n Bandworm hebben schollst, dennso pass man op. Ick gloov, de will di utneihn!"

Nattnäs
(Diedrich Steilen vertellt)

Dat Schönste for den Jungen mit Namen Heini Holtenbeen (dat heet, den Namen hebbt se em ja erst andicht, as he in de Jahren kamen weer), dat Schönste, segg ick, weer for em, an de Werser rümtobuttjern, un erstrecht dar, wo de Buckschäpen fastmaakt haarn. De Waterwelt dar weer ja 'n Jungsparadies for sick, Ebb un Floot jeden Dag neet to bewunnern, wobi dat denn nich utblieben dä, datt de lüttje Heini ok harstdaags un winterdaags meist jümmer natte Föt un natürlich denn ok meist jümmer wat Natts ünner de Näs harr. De Buckschippers, sien besten Fründen, harr he abers bold afkeken, datt de Minsch bi sowat keen Taschendook brukt. Nimmst eenfach, wenn't so wiet is, de Näs twüschen de Finger, giffst 'n beten Druck un hest denn ja wedder Luft, as'n weet.

Eenmal op'n Markt, vor den Roland, as use lüttje Heini dat ok so maakt, kummt 'n Herr op em to. „Sag mal, Kleiner, du hast wohl kein Taschentuch?"

„Snottendook? Klaar doch! Abers dat lehn ick nich ut."

„Was?"

„Meinen Taschentuch meinen Se? Den tu ich nich ausleinen!"

Toveel Kinner
(Diedrich Steilen vertellt)

Heini Holtenbeen un sien Fro sökt al lang 'n Wahnung, aber wo se ok henkaamt, allerwegens heet dat: „An Lüe mit Kinner vermiet't wi nich!" As se wedder mal, dor so um de Marterborg rum, loswüllt to söken, bringt se ehre Kinner erst na'n Kaiser-Willem-Denkmal hen un seggt: „Hier speelt ji so langen, bet wi wedderkamt!"

Düttmal findt se in'n Snoor warraftig wat, un de Huusherr is ok tofreden. Denn as he jem fraagt, off se ok Kinner hebbt, seggt Heini Holtenbeen: „De dree hebbt wi na'n Karkhoff brocht."

De Huusherr kickt aber nich slecht, as de Holtenbeens intreckt, un dat mit dree springlebennige Kinner, dorto noch twee dorvon Jungs. „Ji hebbt doch seggt, ji harrn keen Kinner", futert de Mann, „un nu hebbt ji dree Stück?"

„Nee nee", seggt Heini Holtenbeen, „ick heff seggt, dree harrn wi na'n K-Karkhoff brocht, un so weer dat ja ok. De hebbt so langen op'n Leevfroenskarkhoff speelt."

Der Leichenzug
(Anton Kippenberg erzählt)

Als der auch in unserem Viertel stadtbekannte Heini Holtenbeen noch im Schnoor wohnte – später kam er unserm Wohnhaus am Stephanitorswall ja näher, weil er ins Armenhaus an der Großen Straße verbracht wurde – als er also noch im Schnoor wohnte, ja, es ist lange her, da ergab es sich, daß er einmal, von der Holzpforte kommend durch die Spiekerbartstraße sozusagen in seinen Schnoor einmündend, mit seinem noch ziemlich unbedarften jüngsten Sohn mit in einen Trauerzug gezogen wurde. Hinter dem Leichenwagen ging die junge Witwe, die offenbar keinen Trost darin fand, nun den fast fünfzig Witwen des Schnoors mit zugezählt zu werden. Sie weinte und weinte. „Dja dja", murmelte der Vater Holtenbeen vor sich hin: „So is dat: vor 'n paar Dagen noch hett he eten, drunken un op sien Bett fein slapen. Un nu bringt se em hen, wo't nicks to eten un nicks to drinken gifft, k-keen Deek, k-keen Bett, g-gor nicks!"

„Vadder", fragte der ebenso hellhörige wie aufgeweckte Sohn, „Vadder, bringt se den Doden na us her?"

Bremer Borger
(Professor Tardel vertellt)

Eenmal, in sien jungen Jahren, keem Heini Holtenbeen vor't Amt, vonwegen Alimente. Un harr dat ok nich beter verdeent. He harr aber ja den Bremer Borgereed afleggt, ok in sien jüngern Jahren, un so sä he denn: „Herr Zenater, dat is doch reinweg schändlich, is dat doch, datt ick hier vor G-Gericht nich beter in Schutz nahmen weer un datt 'n Bremer Borger an so'n Froonsminsche noch G-Geld betahlen schall!"

Zehntausend Särge
(Friedrich Wagenfeld erzählt)

Von Hamburg ist es bekanntlich zu uns gedrungen, daß man in der Cholerazeit auch Heiteres erleben kann. Wie wäre der beliebte, überall gesungene Gassenhauer „Juppheidi und juppheida, Schnaps ist gut für die Cholera"! sonst zu erklären. Wenn Bremen mit Hamburg (von damals her) auch in diesem Punkte in Wettbewerb treten wollte, so wäre festzustellen, daß die Tischlermeister an der Elbe wesentlich heiterer in ihre Tage guckten, weil sie eben wesentlich mehr Särge herzustellen hatten als dieselben bei uns an der Weser, wenn auch hier zu gewissen Zeiten Holz genug im gleichen Auftrag verbraucht worden sein soll.

Es geht aber – weniger heiter – die Sage und will nicht verstummen, daß es zu jener Zeit (und in der Hoffnung auf eine – Gott bewahr uns – neue und lohnende Epidemie) Spekulationen und in Bremen einen Mann gegeben haben soll, der, von besagter Spekulationssucht überfallen, vergeblich auf eine Wiederkehr der belebenden Seuche gewartet habe, was ihn sogar für immer im Geiste etwas verwirrt gemacht haben soll. Einstmals, so die Sage, ein frisch aussehender Jungunternehmer im Tischleramt, soll es mit ihm einerseits von der Hohenstraße zur Wüstenstätte, andererseits vom tüchtigen

Handwerker zum bedauernswerten, bettelnden Dienstmann an seiner vorgeschriebenen Ecke an der Bredenstraße hinabgegangen sein. Dort habe er nichts anderes mehr gewußt als mit Bettlergebärde den Abschluß seiner choleraverseuchten Tischlercampagne herzuleiern, die den folgenden Wortlaut gehabt haben soll:

„Zehntausend Särge mit'n sechsdoppelten Lack schwümmen die Werser hindal! Heißen Hoffnung, Hoffnung! Steht aber geschrieben, steht es, du sollst nicht töten, Tischler, sollst auch nich totwünschen, sollst du nich! – Zehntausend Särge für Ch-Cholera, Ch-Cholera!"

Der Geruch der Tischlerwerkstätten soll ihn zeitlebens überall wie zum Beispiel auch im Schnoor bei Meyn, Nummer 14, angelockt haben, wo er dann in die Tür trat mit den Worten: „Neuste Nachricht, große Neuigkeit! Is in'n Haben 'n Schipp mit Indigo utlopen! De ganze Haben is blau, blau, blau, un ick – –"

Nein, blau wolle er nicht grade sein, aber einen Groschen für einen „Nordhäuser" würde er nicht ablehnen.

Bleibt zu sagen, daß er, wenn er seine Ziege am Alten Wall angepflockt hatte, auf dem Rückweg immer bei den Tischler- und Drechslerwerkstätten, auch beim Siebmacher, Nummer 12, einkehrte, um, wie gesagt, zu schnuppern und um sich eine Schürze voll Hobelspäne zu erbetteln. Gar zu gern trug er nämlich noch die Tischlerschürze, soll sie auch – wegen des Geruchs – nachts gern übers Kopfkissen gelegt haben.

Als einmal nun im Schnoor bei dem Tischler Meyn Hochzeit war, legte er seine Schürze ab und zog sich seine bessere Hose an, um sich bei der Feier einzufinden. Als die Leute ihn da von der Tür weisen wollten, soll er aufgeregt ein Stück Zedernholz aus der Tasche gezogen und lauthals geschimpft haben: „Wat, ji wüllt mi afwiesen? Hör ick denn woll nich to de Zunft? Un bün ick nich noch darto 'n K-Kusäng von den Naber, von den Meister K-Klasen, de de Liesten maakt hett, wo de Schoster de Bruutschoh op schostert hett?"

Die Bremer Sage weiß zu berichten, daß man ihn mit an den Hochzeitstisch bat.

Petri Heil
(Diedrich Steilen erzählt)

„Kummst denn her, Heini Holtenbeen?"

„Von't Angeln."

„Wat hest denn angelt?"

„Heekt."

„Woveel hest denn fungen?"

„Nich eenen."

„Minsch, Heini Holtenbeen, wo wullt denn von weten, datt du Heekt angelt hest?!"

Die Unterirdischen
(Friedrich Wagenfeld erzählt)

Zur Zeit, als die Schlachte noch der Hafen für Überseeschiffe war und als die Stauer oder Küper nach dem Holländischen in Bremen noch Maatskopsdräger hießen, war unter denselben ein Mann, welcher gar nicht so weit von der Schlachte weg, nämlich an der Tiefer wohnte. Wenn er also auch nur einen kurzen Weg von seinem Arbeitsplatz bis nach Hause hin hatte, so mußte er doch immer an ein paar Gastwirtschaften vorbei, und wenn auch von ihm selbst zu melden ist, daß er im Grunde genommen ein ziemlich nüchterner Zeitgenosse war, so fanden sich doch immer wieder Kollegen aus der Maatskopsträgerei, welche ihn nach Feierabend zum geselligen Umtrunk verführten – sei es an der Schlachte selbst mit ihren Grogkellern, an der Wachtstraße oder auch an der Tiefer. Trotz aller Mahnungen der Frau wurde aus den gelegentlichen Bierrunden mit der Zeit eine Art Stammtisch, zu dessen regelmäßigen Gästen unser Stauer also gehörte. Wenn auch, wie gesagt, kein lauter Zecher, so saß er doch, die Warnungen seiner Frau aus dem Sinn schlagend, gern in der vertrauten Runde – manchmal so lange, daß sein Gang nach Haus nicht mehr so ganz sicher war. In solcher Stimmung saß ihm die Zunge dann auch wohl so locker, daß er sich beikommen ließ, von den Mahnungen und Warnungen seiner Frau etliches anzudeuten, zum Beispiel, daß ihn, den unbelehrbaren Zecher, die alten guten Bremer Unterirdischen eines Tages gewiß zur Rechenschaft ziehen würden. Auf weiter bohrende Fragen seiner Zechkumpane ließ er sich nicht ein.

Nur einmal ließ er sich dahingehend aus, daß ihm die Frau, von ihrer Freundin von der Wüstenstätte aufgeklärt, nach einer Neumondnacht am Dreizehnten (und nach einer überlangen Kneiperei am Abend vorher) geradezu aufgebracht schon frühmorgens im Ehebett von einer Begegnung mit diesen unterirdischen Geistern im altvertrauten Stadtgebiet hinter der Balge berichtet habe. Es sei damit sozusagen eine gezielte und nur ihn, den stammtischtreuen Humpenfreund betreffende Warnung ausgesprochen worden, eine Warnung, welche, wenn man sie nur richtig auszulegen wisse, unter Umständen auf einen zu erwartenden leiblichen Schaden und auf zu erwartende Familiennot schließen lasse. Ja, mit dieser Nachricht habe die Frau ihn aus den Federn gerissen und ihn, den Schlaftrunkenen in ihrer Aufgeregtheit weidlich durchgeschüttelt.

Die Stammtischfreunde, welchen ein solcher Bericht von dem sonst immer nur behaglich brummenden oder mitbrummenden Kameraden etwas völlig Neues war, lachten ihn aus, was zur Folge hatte, daß es an diesem Abend besonders spät wurde. Wie bestürzt aber waren dieselben, als sie ihn zu Beginn der Frühschicht am nächsten Morgen unten im düsteren Luk eines zu löschenden, mit Indigosäcken beladenen, Großsegels liegend fanden.

Erst nach Wochen stellte sich dieser Arbeitskollege auf einem Holzfuß humpelnd besuchsweise an der Schlachte wieder ein. Ihm waren, wie man schließlich aus ihm herausholte, in der Tat die Unterirdischen, „de Bremer Unnereerschen" begegnet. Schon beim Zubettgehen in jener Nacht habe er einen derselben in seiner Kammer am linken Bettpfosten mit drohend erhobener Lanze stehen sehen. Als er seinen Holzschuh nach ihm geworfen, habe derselbe sich zwar weggeduckt, von allen Seiten aber sei der sogleich zwergenhafte Ruf „Holz, Holz!" erschollen und aus allen Ecken seien winzige bewaffnete Gestalten mit Schild und Lanze drohend hervorgetreten. „Auf ihn, auf ihn!" hätten unzählige Stimmen dann gerufen, „Weg mit ihm zur Marterburg" und „Weg mit ihm zur Wüstenstätte", „Holz, Holz, Holz!" und immer mehr seien es geworden, ein Wald von winzigen Lanzen und Speeren, das sei alsbald der Fußboden seiner Schlafkammer gewesen. Nur durch einen Sprung aus dem Fenster und durch humpelnde Flucht habe er sich retten können. Erst auf der Weser, auf der Brigg habe das Volk der Unterirdischen mit dem empörten Holzruf aufgehört. Nein, wiederholt habe sich die Begegnung nicht. Aber das „Holz, Holz!“ höre er immer noch und trage es nun, sozusagen an seinen Leib verwünscht, durch die Straßen – den Stumpf indigoblau noch dazu.

Lärm vor der Tür
(Robert Rickmers erzählt)

Für die Leute im Schnoorviertel gab der Heini Holtenbeen natürlich immerzu Gesprächsstoff ab. So auch für ihren Stammtisch „Zum Kaiser Friedrich", wo 'n sich mal sogar zu 'ner Wette verstieg. Die ging darum, ob unser alter Bursche beim Zubettgehen seinen Holzfuß eigentlich ablegte oder nicht. Man hatte die Frau auszufragen versucht, doch die hatte unmißverständlich zur Antwort gegeben, sie sollten sich doch man was schämen, sowas zu fragen. Direkt schanierlich sei ihr das. Die Wette lief noch und kam bis zu uns in die Neustadt und in die Reismühle gelaufen (wo ich sie denn dja auch her hab'), als wieder das folgende erzählt wurde:

Mitten in'ner Winternacht und sozusagen in'n tiefsten warmen Schlaf kriegt Heini Holtenbeen einen gräßlichen, geradezu prügelhaftigen Streit unten vor der Haustür zu hören. „Stah op!", bellt er seine Frau an, „stick dat Licht an, k-krieg mienen Holtfoot her!" Dja dja, er wolle runter und sehn, was da los sei. Sie meint noch, er solle doch man lieber beliegen bleiben, solle er doch man, aber er läßt sich da dja nich von abbringen, knöpft so schnell es gehen will also sein Holzdings an, wickelt sich in eine Decke und stappt die Treppe runter und vor die Tür. Kaum da angekommen, reißt ihm einer der Skandalmacher die Decke weg und näht damit aus, wie wir dja in'ner Bremer Neustadt zu sagen pflegen.

Ohne Licht tastet er sich die Treppe wieder rauf und kommt ziemlich verklamt in der Schlafkammer wieder an. Die Frau fragt ihn natürlich, worum sich die da aufer Straße denn so in die Wolle gekriegt haben?

„Och, bloß um de Deek", brummt Heini Holtenbeen. „As se de harrn, weer de Stried ut. Un nu man gau, man gau mien Holtstück raf! Un laat mi mit ünner de Deek. Ick mutt un mutt mi opwarmen!"

Womit denn dja die Wettfrage, wo er wohl nachts mit dem Holzbein bliebe, wenn man dem Volksmund Glauben schenken darf, auch geklärt wäre!

Schnaps
(Georg Droste erzählt)

„Teihndusend Särge", sä Heini Holtenbeen, do leev he noch. Eens Daags dreep Ottjen Alldag den Heini in'r Fulenstraten.

„Lehn mi'n Groschen", seggt de Holtenbeen foors, „k-kriggst 'n morgen wedder, g-ganz g-gewiss!"

„Wat wullt du denn mit den Groschen?" fraagt Ottjen.

„Och, wull mi blots 'n paar Hüser k-kopen."

„Heini, du un Hüser, wat?"

„Verstah mi doch, K-Keerl, verstah mi doch: ick meen doch ‚Noordhüser'!"

Vorm Spiegel
(Karl Lerbs erzählt)

Heini Holtenbeens Frau hatte natürlich – was ja auch im Schnoorviertel nicht weiter verwunderlich ist – eine sogenannte beste Freundin. Wie sollte sie auch nicht, wenn dieselbe beste Freundin von ihr auch nicht unbedingt dasselbe zu sagen pflegte. Doch das ist eine Sache für sich, zumal im Schnoor merkwürdigerweise ja fast nur Witwen im Adreßbuch standen. Eines Tages nun kam diese Freundin etwas aufgelöst bei Heini Holtenbeen an die Tür mit der Frage, ob seine Frau wohl eben rüberkommen und ihr die Haare aufstecken könne.

Das würde nich g-gehen, versetzte Heini, der zum Auslüften gerade in der Tür stand, nee nee, sie sei djust dabei, den lieben G-Gott zu belügen.

„Woso das denn?"

„Tschä, Beste, was sie is, die steht un k-kuckt in'n Spiegel, und da hat se natürlich bloß einen einzigen G-Gedanken hat se dabei: daß se G-Gott für soviel Schönheit zu danken hat."

De nee'e Dom
(Diedrich Steilen vertellt)

Steiht dar, 1902, 'n Mann op'n Marktplatz un bewunnert den neen Dom mit sien beiden mächtigen neen Toorns. Jümmer wedder kickt he rein andächtig na baben. Kümmt Heini Holtenbeen bi em anhumpeln un stellt sick bi em hen un kickt ok. He denkt natürlich, datt'r för em sowat as 'n Zigarr affallen kann. He seggt: „Sund woll verwandt mit Franz Schütte, wat?" De Frömde fraagt abers blot: „Sagen Se mal, bester Mann, warum hat die Uhr da oben denn zwei Zifferblätter aufzuweisen?"

„Besten Dank for den besten Mann", seggt Heini Holtenbeen, „abers woso twee Zifferbläder, fraagt Se? Dat weet't Se nich?" seggt Heini Holtenbeen un seggt dat teemlich gnatterig, denn he hett ja nix kregen: „Denn will'ck Se dat verraden: Datt dar twee to g-glieker Tied na de K-Klock k-kieken k-känt! Se un ick!"

Gerechtigkeit
(Diedrich Steilen erzählt)

„Dat sammelt sick!", sä Heini Holtenbeen, do moss he wedder wegen twee-dree Saken vor Gericht. To'n Ersten scholl he op'n Bank an'n Wall bi'n Bischopsdoor een Frollein 'n unsittligen Andrag maakt hebben. Wat he darto to seggen harr? He sä: „Hoget G-Gericht, ick bün unschullig, dji k-könt seggen, wat dji willt! Dat weer so bi K-Klock veer lest Djahr an'n Maidag, djadja. Ick seet op'n Bank in de Sünnen un dat smucke Frollein nich wiet von mi af. Us g-gegenöver unnern Busch seten twee Bookfinken. De weern ant Snabeln. Djadja, k-kregen sick g-geg-gensietig mit'n Snabel bi'n Snabel to faten. Ick sä to dat Frollein: K-könt wi us nich ok mal so g-glücklich to faten k-kriegen? Hoget G-Gericht, ick bün unschullig. Mien Snacken un Stamern harr to langen wahrt. De Bookfinken weern sick wieldes g-gauer as ick snacken k-kunn, op'n anner Aart nöger kamen. K-kann ick dor wat to?" –

To'n Tweeten scholl he de Fro Senator Gröning, von'n Olen Wall, de em to'n Wiehnachen 'n Stück Klaben schenkt harr, mit'n Steen dat Finster baben insmeten hebben. „Dar, hoget G-Gericht, kann ick blots to seggen, dat weer keen Steen, dat weer de K-Klaben!" – –

To'n Drütten! „Ehre Zeeg schall den lüttjen

Kruuthoff dar an de Steenhoffsche Windmöhl von'n Olen Wall – jaja, wi kennt em woll dar baben – tweitrampelt hebben. Wat hebbt Se darto to seggen?"

„Dar, hoget G-Gericht, is alleen de Buck an schuld, de Zeegenbuck von Cäcilie Peimanns vonner Marterborg. De weer dar baben opt Olen-Wall-Grasland dja ok anpluckt. Harr sick abers dja losreten un över mien Zeeg denn dja her. Wat mien Zeeg is, hoget G-Gericht, dat is abers 'n anständige Zeeg! Se nehm ehre Toflucht in den K-Kruuthoff von Muller Steenhoff. Wat bleev ehr anners över? Un k-konn se dar wat to, datt de Buck ehr naspringen dä? Wat seggt Se? Mien Zeeg schall mehr Schaden daan hebben as de Peimannssche Buck? De Buck hett blots op twee Föten stahn, mien Zeege abers op alle veer? Weer dat denn woll keen Vergewaltigung, wat? Wo blifft dar de G-Gerechtigkeit, hoget G-Gericht?"

Geburtsdagsgeschenk
(Diedrich Steilen vertellt)

Heini Holtenbeen keem mit sinen Nahber Fidi Ohlrogge von de Groten Straten na'n Geeren rin un seeg dar ant Geebelfinster 'n fette Goos hangen. „Junge di", meen he, „wat meenst, wenn wi us vonnacht dat Dings dar baben weghalen dän!?" Den Abend also, as de heele Stadt in'n deepsten Slaap liggen dä, kömen de beiden mit 'n lange Ledder an. Nahber Fidi, de ja twee heele Beene harr, klatter rop, Heini Holtenbeen harr ünnen to stahn.

Just as de Nahber baben is, kummt dar 'n Putz um de Eck. „Was geht hier vor?" – „Sch-st. Herr Wachtmeister, nu verdarben Se us den Spaaß nich. Dar baben wahnt 'n olen K-Kollegen, de hett morgen G-Geburtsdag, den wullen wi mit de fette G-Goos overraschen." „Nein", seggt de Gröne, „das darf ich nicht dulden." „Och, dat is aber schade", seggt Heini Holtenbeen, „Fidi, denn helpt dat nich! Bring de G-Goos man wedder dal. Polzei will't nich anners."

Schriftdeutsch
(Richter Smidt erzählt)

Von Rechts wegen, Freunde, war ich dja gar nich mal so weit von ihm entfernt – wollt sagen, ab und zu hatt er, ihr wißt dja wohl, seinen hochdeutschen Tag, ab un zu auch seinen plattdeutschen, akkurat also als wie ich, as dji dja weet't. Ab un zu hatt er aber dja auch seinen vergrellten, seinen stickhaarigen Tag, und so auch an djenem Freitag damals in der Freimarktszeit, als ich ihn wegen einer lächerlichen Nähmaschinensache hatte vorladen lassen müssen. Draußen spielten die Orgeldreher in der Buchtstraße „Üb' immer Treu und Redlichkeit". Und war doch mit ihm, soviel er auch von Anfang an lautstark seine Unschuld wiederholte, eine mulmige Sache. Mit aller Treu und Redlichkeit konnt ich ihm diesmal jedenfalls meine üblichen „dree Dage" nicht alsobald aufbrummen. Es ging, wie gesagt um eine Nähmaschine, die er dja woll beiseite zu schaffen versucht hatte. Aber er hatte seinen vergrellten, das heißt seinen plattdeutschen Tag. Schon auf die Frage meines Protokollanten, ob er Bremer sei, gab er zunächst fast schreiend zur Antwort: „Dat weet't dji beter as ick!", setzte aber dann knurrend hinzu: „Grottstendeels!" und, auf meine Frage, wie ich das zu verstehen habe: „In Hemeln bin ick mit sess Pund to'r

Welt kamen. Dat anner is mi, as dji weet't, hier anner Bremer Tieber towussen, ok mien Tähn!“ Auf die Frage: „In Bremen also nicht geboren?“ knurrte er: „K-Känt dji nich hören? Heff ick doch seggt! Un denn: Wo k-kann ick dat denn weten, wo mien Vadder doch blot djummer angeben dä, ick weer den Dübel vonner Schuufkaar fullen! Aber unschullig stah ick hier, dji k-känt seggen, wat dji willt!“ Auf meine Frage, was ihn denn heute hergeführt habe, gab er unwillig zur Antwort: „Twee Putzbüdels!“ – „Natürlich besoffen!“ – „Alle beide, Herr Richter Smidt, dja dja. Aber Se k-känt mi in G-Gotts Namen so unschullig ankieken as'n nöchtern K-Kalv, k-känt Se mi!“

Zur Sache zu kommen, war also gar nicht so einfach. Kriegten aber doch so viel aus ihm raus, daß er sich, wie er sagte, zusammen mit seiner lieben Frau abasig über die Neihersche über ihnen im Haus geärgert habe. Djadja, bis spät in die Nacht rein sitze und sitze die Alte über ihrer Drei-Dutzend-Serie von Akkordarbeit mit den verflixten Matrosenkragen für Heymann und Neumann. Nich auszuhalten, und erstrecht nich, wenn die Frau neben einem im Bett noch ihren Dauersegen von Krakelerei dazu gebe. Schließlich habe er gesagt: „Laat k-kamen, wat will. Dat ward afstellt. Un wenn dat 'n Freten gift for Richter Smidt!“ Habe er also eines Abends die Nähmaschine aus besagter Dachkammer über ihnen heimlich weggeholt und auf seiner Handkarre erstmal in'n Schuppen in'n Gang „Hinter der Balge“ gebracht. Sei ihm dann bei näherer Betrachtung derselben aber eine Erleuchtung gekommen, woher denn auch, wie noch mal zu betonen, seine Unschuld zu begründen. Denn einen sozusagen absolut Unschuldigen hätten die Putzbüdels, die dösigen K-Kerls, auf der Weserbrücke dann festgenommen.

Nun, liebe Freunde, wie im Protokoll nachzulesen, kamen diese so wenig respektierlich Benannten mitten in der Nacht darüber zu, als unser liebwerter Delinquent, genannt Heini Holtenbeen, eben die Nähmaschine übers Brückengeländer kippen wollte. Zu seinem Glück hing das corpus delikti noch an einem Strick, konnte also sozusagen gerettet werden und dem Licht der Obrigkeit erhalten bleiben. „Ick bün unschullig – bün unschullig!“ – dieses Geschrei begleitete den Transport der Maschine sodann bis zu uns ins Gericht, wo uns schließlich und endlich auch ein Licht aufging, als der Vorgeladene lamentierend von sich gab: „Un so wahr teihndusend Särge de Weser hendal swömmt, – ich stah hier unschullig as 'n nöchtern K-Kalv! Steiht doch hier, Richter Smidt, in Schriftdütsch op de verdammte Neimaschien to lesen un in dicke Bookstaben: ‚VERSENKBAR‘. Woso hebbt de Putzbüdels mi fasttonehmen?!“ – –

Bleibt zu ergänzen, daß es nicht bei den bei mir üblichen „Dree Dage“ blieb, erstens wegen ungebührlichen Verhaltens vor einem Richter, wat ick denn dja woll weer, zweitens wegen Beleidigung der Polizisten, drittens wegen versuchter Beseitigung einer Nähmaschine.

Oh - nix
(Professor Tardel vertellt)

De Fro hört ehren Keerl, den Heini Holtenbeen, in de Köken rumwöhlen un rumklappern.

„Heini, wat sochst?“ röpt se von baben.

„Oh – – nix“, brabbelt Heini Holtenbeen in sinen Baart rin.

„Maak de Kellerklappen op. Ick gloov, dar steiht noch ’n halben Buddel von dien Oh – nix!“

Glaskugeln
(Diedrich Steilen vertellt)

As de Straten „An'n Wall" anfüng, sick mit Geschäften un Schaufinstern to smücken, duur dat nich langen un de prächtige Laden von Raabe mit Glas un Purzellaan un dusend Herrlichkeiten weer dar to finden. Ok grote Glaskugeln, so recht wat as Garensmuck, kunn'n dar kriegen. Heini Holtenbeen koffde sick glieks twee Stück, steek se gegen Abend achtern Huse op'n Pahl un hög sick, wat sien Nabers annerdaags woll seggen wullen.

Den annern Dag abers keem he in de reinste Vergrelltigkeit mit de Kugeln ünnern Arm bi dat Geschäft an'n Wall wedder an. Neenee, he woll den Herrn Chef sülvst spreken! Dat weer ja, weet Gott, de reinste Rabenvagel, de reinste K-Kreih! Anscheten harr he em, de Rabe, anscheten! „Twee K-kugeln heff ick k-kofft, un in de een weer de Möhl von'n Wall to sehn, in de anner sogar Hillmanns Hotel, jawoll! Un bi mi achtern Huse, Snoor Nummer sess, krieg ick nix to sehn as den Aftritt von de swarten Synaggogenk-keerls! Anscheten bün ick, anscheten!"

Meist weer he doch vör Gericht kamen, de Heini Holtenbeen vonwegen den Rabenvagel un de reinste Kreih.

Der Dienstmann
(Friedrich Lindemann erzählt)

„K-Konterschaft Nummer dreizehn! Also! An'n Dreizehnten! Uff! Dar weeren wi!"

„Was kriegen Se?"

„Nadja, was k-kriegt'n so? Se wissen schon – –"

„Ich? S i e haben doch mein Gepäck – –"

„So is es! Von'r Schlachte, vonne Dreimastbark, von'n „Bremer Schwan" bis hierher –"

„Conterscarpe Nummer 13 –"

„K-Kunterschaft Nummer 13, djadja! Ham wer richtig hergefunden. Un mit'r Handkarre –"

„Also was kriegen Se?"

„Bester Herr – müssen Sie doch wissen, müssen Se das doch!"

„Ich? Bin ich 'n Dienstmann?"

„Mocht' ich Ihnen nich wünschen!"

„Bester Herr! Den kleinen Weg?"

„Was? K-Kleinen Weg? 'n haarige Ecke is das, bester Herr!"

„Meinswegen auch das. Also was kriegen Se?"

„Von'r Schlachte durche Scharstränkpforte nach'r Langenstraße rauf und längs, denn quer übern Markt, denn 'n Domshof ganz längs, ohne Schatten, bester Herr, denn Bischofsnadel und da rauf auf'n Wall, Theaterberg und wieder runter und weiter bis übere Wall-g-grabenbrücke rüber inne K-Kunterschaft rein, bester Herr –“

„Als ob ich Ihr bester Herr wäre. Was also ist zu zahlen für die Strecke? Was verlangen Sie?“

„Verlangen? Bei die Hitze? Bei so'n Leben? Na, Sie mögen aber fragen! Un was verlangt 'n Mensche wie 'n Bremer Dienstmann an'n Sommertagmittag denn schon g-groß?“

„Wieviel, hab' ich Sie gefragt.“

„Da brauch ich meine Frau g-gar nich erst um zu holen. Un Richter Smidt von'r Domsheide auch nich.“

„Also gut, wie hoch wäre die Rechnung Ihrer Frau?“

„Oha, da fangen Se lieber nich mit an! – Aber, soviel sag' ich Ihnen, 'n ganz g-gewöhnligen Dienstmann bin ich nämlich nich, sag' ich Ihnen. Bei mir zum Beispiel: Neuigkeiten immer außer ersten Hand! Ham Se's schon gehört? In'n Haben is 'n Schipp mit Indig-go utlopen. De ganze Holthaben is blau – blau, blau! Also ich k-krieg' – tjä, was k-kriggt'n? Wat sick so hört!“

„Na gut, und das wäre?“

„Na dja, wat mien Fro is, de verlangt ok nix Unrechs, beste Herr!“

„Was soll das denn nun hier! Hab' ich Sie etwa verdächtigt?“

„Dat dja nu nich. Aber wat so Ehre Perßon

is, beste Herr, de hett dja nu bestimmt 'n annern Satz as mien Fro."

„Nun lassen Sie doch endlich die Frau aus dem Spiel und den ‚besten Herrn'! Also wie ist der Satz?"

„Dat is dat dja! Seggt mien Fro ok jümmer! Kannst doch an so'n Sommermiddag nich'n Satz ansetten as an so'n Märzmaandsommerdag!"

„Was geht mich das Wetter an. Sagen Sie mir, was Sie haben müssen."

„Dat harrn Se man mal to mien Fro seggen mösst! Von'n fröhen Morgen an stah ick dar an mien Eck Bredenstraten/K-Karkenstraten un luur un luur, mutt mi von de K-Kinner vernarren k-kriegen laten, un luur un luur, datt'r 'n Schipp kummt. Un dat eenzigste, de eenzige Anlandung is de ‚Bremer Swaan' un Se, beste Herr. Un ick harr dar woll Wuddeln slahn könnt, dar an mien Eck, dar anne Bredenstraten. Un nu fraagt Se mi, wat ick hebben mutt? Ich fraag Se, wat Se geben wüllt!"

„Begreifen Sie denn nicht, es geht um Ihren Lohnbetrag."

„Dat G-Gepäck von'n ‚Bremer Swaan' dalsleept na mien K-Kaar, eenen K-Korf, dree K-Kuffers un twee Handtaschen! Denn vonner Slachte durche Scharstränkpforte nach'r Langenstraße rauf, denn Langenstraße längs, denn q-quer übern Markt – –"

„Hörn Sie auf! Das hab' ich begriffen. Was ist Ihr Satz, frag' ich."

„Ick heff dacht, Se, wat 'n vornehmen Herrn is, un Se weern villicht sogar eenen von'n Zenaat? Un nu fangt Se von'n Satz an!"

„Ich will schließlich wissen, was ich zu bezahlen hab'."

„Und das bei die Hitze! Wat mien Satz is!! Ick g-glov, ick mutt Se mien Schicksal vertellen. Zehntausend Särge, mein Herr, zehntausend Särge, mein bester Herr, schwimmen alle die Weser runter! Und indigoblau is dat Water. Un nu fangen Sie von'n Satz an für so'n bedauernswerten ehemaligen Tischler, für so'n Dienstmann voner Straßenecke mit Holzbein."

„Bettelei also noch dazu. Gut, hier haben Sie fünf Grote."

„Wat? Dar schall ick mien K-Kinner von satt maken? Fiev G-Groten, ganzen Dag fiev G-Groten!? Nu roop ick aber doch mien Fro to Hülp. Nee, de Domsklocken schüllt lüden, von'n Toorn schüllt se blasen, de Füerwehr schall'r her! Heini Holtenbeen ward mit fiev G-Groten afspiest för den langen Weg von'r Slachte – – von'r Slachte – – bet hen na de K-Kunterschaft un bi 30 G-Grad in'n Schatten un mit 'n halv Dutz G-Gepäck – –"

„Um Gotteswillen! Still doch! Hier sind noch mal fünf. Und fünf dazu. Dafür trag' ich auch mein Gepäck allein ins Haus." – –

„Hähä, un de Heini Holtenbeen maakt, datt he de Hacken wiest!"

Speckaal
(Professor Tardel erzählt)

Es geschah im „Kaiser Friedrich“, daß seine Kollegen von der Zunft der Eckensteher ihn eines Abends hinter einem unverhältnismäßig gut gedeckten Tisch aufstöberten. Einen ganzen (und nicht ganz kleinen) Speckaal hatte er sich servieren lassen, und zur malerischen Krönung des Ganzen fehlte nicht die sogenannte „lüttje Lage“, (die zweite oder dritte) das schöne Glas Bier mit dem Bremer Klaren dazu.

„Ziehdar, Heini Holtenbeen! Dar hebbt wi di! Hebbt dja djummer wusst, datt di't good geiht! Dat Fett von den schönen Aal dribbelt di ja meist von'n Baart dal op dinen Gehrock! Djadja, di geiht't good, bannig good!“

„Djadja, regt djo man op, datt ick mi mal na den langen Dag 'n Aalmahltied leisten do! Steiht djo g-good, wenn dji djo so opregen dot! Bildt djo womöglich noch in, datt dji 'n G-Grund hebbt, djo optoregen. Datt abers mien Fro Aleid un mien Kinner to Huus, datt de nix to bieten hebbt un reinweg hungern möt, dar fraagt dji nich na, nee, dar fraagt dji nix na, dar regt dji djo nich üm op, dat g-geiht djo wiet vörbi! Wat schamen schollen dji djo! Scheert djo man na Huus!“

Anrüchiger Aufschwung
(Hans Casten erzählt)

Zu der Zeit, als sich unsere Bahnhofstraße noch mit einem HOTEL DU NORD und mit einem HOTEL ALBERTI geschmückt präsentierte, hatten wir, wie man weiß, einen dauernden Zustrom von Leuten aus dem Südosten, aus Galizien, ja von Bessarabien sogar. Ebenso fremdartig gekleidete wie schön anzusehende Gestalten sah man damals immer wieder zögernden Schrittes die Straße zum Bahnhof auf- und abwandeln, die jungen Frauen mit langen farbigen Röcken und bunten Kopftüchern, die Männer daneben mit kecken Schnurrbärten und lässig über die Schulter geworfenen Jacketts. Oft habe ich sie als Kind und als Heranwachsender betrachten können. Es waren von Mißlers Agenturen angelockte Auswanderer, die auf die Abfahrt ihres Amerikaschiffes warteten – oftmals so viele, daß sie nicht alle in den Auswandererhallen am Findorffviertel unterkommen konnten. Was Wunder, daß der Bremer Bürger anfing, seine Stuben, Kammern und Dachböden als Gastquartier herzurichten und für ein gewisses Mietgeld zur Verfügung zu stellen.

So auch Heini Holtenbeen, Schnoor Nummer 6. Ich selbst sah ihn mal, besser gekleidet denn je, mit werbender Gebärde im Schüsselkorb auf eine der fremdartigen Gestalten zuhumpeln.

Und tatsächlich brachte er es fertig, sich nicht nur mit dem Fremden zu verständigen („Quartier prima!“ klang es mehrfach an mein Ohr), sondern denselben auch mitzulotsen. Weshalb sollte er auch nicht an dem die Stadt durchflutenden Geld- und Goldstrom teilhaben? Und war denn dieser nicht, obzwar von Fall zu Fall nur ein Rinnsal darstellend, geradezu auf seine Person zugeschnitten? Ein wenig davon mußte doch in seine Taschen zu lotsen sein! Und nicht grade, daß er wie die Witwe Bosselmann in der Wenkenstraße quer durch den Dachboden bloß ein dickes Tau gespannt hätte, auf welchem die lieben Gäste halb lehnend, halb hängend ihren Schlaf erwarten durften. Oh nein, er hatte da oben ein gutes Strohlager bereit und sogar ein Doppelbett!

Es ist nicht bekannt geworden, ob er selbst oder seine Frau die Idee zu diesen Privatquartierunternehmungen gehabt hat. Bekannt geworden ist nur, daß sie, die Frau Kolien (seine dritte) diejenige war, die sich eines Tages weigerte, das Geschäft fortzusetzen. Das hing mit den sanitären Verhältnissen der Häuser im Balgeviertel zusammen, welche natürlich mit solchen im HOTEL DU NORD oder ALBERTI nicht zu vergleichen waren. Nein, hier kamen in der Abendzeit regelmäßig immer noch die sogenannten Blaukittel mit ihren hohen Kastenwagen durch die Straße, um die Goldeimer aus den Häusern, aus den Aborten zu holen. Diese aber, „Prüvée“ oder „Tante Meier“ genannt, standen auf dem Hof hinterm Haus, womit zugleich angedeutet ist, daß die „Gelegenheit“ bei Nacht eigentlich nur zu ertasten war. Das galt auch für den Hausherrn. Und damit hängt es zusammen, daß die Frau Kolien eines Morgens erklärte, sie verzichte von heute ab auf das Quartiergeld der von ihm herangelockten fremden Leute. Sie habe es satt, seine Unterhosen, sein Nachthemd, ja sogar seine Finger vom Golddreck der Gäste reinzuschrubbern, habe es auch satt, deswegen nachts aufzustehen, Feuer anzumachen und Wasser warm zu machen.

Es ist zu berichten, daß damals neben den bekannten Schnäcken noch ein neuer, weniger schön klingender in Bremen kolportiert wurde. Dieser hieß, auf besondere Weise seine beklagenswerten Verhältnisse beleuchtend: „Hett al wedder een op'n Rand scheten, seggt Heini Holtenbeen.“

Er wurde als besser gekleideter Anwerber zwischen den Fremden nicht wieder gesehen. Doch soll die Luft in seinem Hause hernach längere Zeit auch ohne Einquartierung nicht die beste gewesen sein.

Kluckhenne mit Küken
(Dr. Thulesius erzählt)

Daß Bremen eine Ackerbürgerstadt ist, mit Viehbestand und Stallungen an oder hinter den Häusern, wer wüßte das nich so gut als so'n Unkel Dokter, der dja (fast mit'n Schornsteinfeger vergleichbar) in die Hintergründe aller Häuser kömmt. So war ich gar nich mal so doll überrascht, als ich mal – auf'n Krankenbesuchsweg nach'r Katharinenstraße hin – übern Markt mußte und da vor dem Roland meinen lieben Heini Holtenbeen stehn sah, diesmal in besonders betonter Bettlerpose, dazu noch mit'n Plakat vorer Brust, auf welchem schon von weitem was von Hühnern zu lesen war. Hat ihn seine Frau denn nu so weit, daß er gar Federvieh hält, dachte ich noch und trat näher heran, war aber denn doch bis zum Lachanfall überrascht, als ich erkannte, daß er sozusagen hier für Ungenannt im Rathaus sammelte. Ich las: ‚Indem daß'n bei Zehnat un Borgermeisters dringend Hühnerstall brauchen tut! – Bitte um milde Gaben für dieselben!'

Liebe Freunde, ich hab wahrhaftig 'n Groten aus'er Westentasche gekricht und in seinen Hut geschmissen (wo in der Tat schon was drin war – vielleicht als Lockmittel?). Auf meine Frage erklärte er, indem er mit seinem Krückstock auf den Zwickel da oben in'ner Rathausfassade zeigte, daß die K-Küken da oben dja nich ewig unter der Kluckhenne sitzen bleiben könnten. Bei Zenaht und Borgermeisters fehle da was in diesem Punkt. Wenn sie die Menschen da oben, wenn sie die all die Djahren an ihrem Rathaus auch wintertags schon nackigt rumsitzen und rumliegen ließen, was sollte denn für das arme Küken- und Hühnervolk selbst zu erwarten sein. „K-kiekt dar blots hen, nehmt jo mal 'n Afbild dar von dat Höhnervolk in't Rathuusbillerbook!" Und sei denn nich der Hahn, wie oben zu sehen, sei der nich schon halbwegs auf'er Flucht?

Wie von Freund Smidt, dem Richter, später bestätigt, is der Holtenbeen wegen Senatsbeleidigung nich in Strafe genommen worden. Doch soll die hohe Obrigkeit die milden Gaben der Küken- und Hühnersammlung beschlagnahmt haben, wobei es mir bloß um meinen Groten leid tut, weil der dja nu in ganz un gar verkehrte Hände gekommen is.

Vorgeladen
(Richter Smidt erzählt)

Natürlich hatte er immer Schulden, was es denn dja mit sich brachte, daß ich mehr als mir lieb war, mit ihm zu tun kriegte. Machte aber dja manchmal denn auch wieder Spaß, besonders, wenn er sich wieder neue Ausreden ausgedacht hatte und immer überzeugender darzutun wußte, daß er arm sei wie eine Kirchenmaus. Einmal wieder brachte ihn der Krämer vonner Langenwieren, bei dem er zu viel hatte anschreiben lassen, vor Gericht. Er wolle und wolle nicht bezahlen. Worauf ich ihn denn dja zu fragen hatte, was er dazu zu sagen habe.

Als er mit außerordentlicher Unschuldsmiene vorgebracht hatte: „Djadja, bün em allerhand schullig, kann ick nich afstrieden. Un darumhalben bitt ick ja blots um Tied, Herr Richter Smidt, datt ick mien Huus, minen Handwagen, mien Sonndaagstüch, minen silbern Handstock un mien Fro ehre Broschen verköpen do!" Als er dies, wie gesagt, vorgebracht hatte, schrie ihn sofort der Krämer vonner Langenwieren, Dahlgrün hieß er, erbost an: „Du lüggst ja alls, wat du seggst! Hest keen Huus, keenen Handwagen mehr, keen Sonndaagstüch un nix von Silberkraams!"

Darauf der Holtenbeen: „Herr Richter Smidt, hebbt Se dat woll heert? He sulvst betiegt mi, datt ick nix heff un also nich betahlen kann. Wat will he denn mit mi opt Amt!?"

Ich mußte ihn laufen lassen, liebe Freunde.

Domtreppenfegen
(Pastor Mauritz erzählt)

Nicht etwa, daß man als Prediger auf der Kanzel nicht auch seine Betrachtungen anstellen könnte! So entging es mir zum Beispiel nicht, daß der sogenannte Heini Holtenbeen – ihr kennt ihn ja – hin und wieder nicht nur in seiner seltsamen Aufmachung die Bankreihen im Dom mit zierte, sondern daß er während der Predigt, unübersehbar von oben her, seine Geldstücke zählte. Hatte er etwa in den Klingelbeutel gegriffen, anstatt etwas hinein zu tun? Ich habe es nie herausgekriegt, wollte es auch nicht, denn schon der verehrte, immer zu verehrende Goethe sagt bekanntlich, daß es kein Verbrechen in der Welt gebe, dessen er nicht fähig gewesen sei. Ich behielt den Heini Holtenbeen gleichwohl eine Zeitlang im Auge und traf ihn eines Freitagnachmittags auf unseren Domtreppen mit sage und schreibe zwei Besen bewaffnet. Natürlich stellte ich ihn zur Rede, worauf er listig das eine Auge zukniff und bemerkte, da er sechzig sei, also die doppelte Dreißig erreicht habe, darüber hinaus inzwischen auch wieder Witwer, stünden ihm doch wohl zwei Besen zu, falls er nicht von einer Jungfrau befreit und – doppeltes Augenzwinkern – nach doppeltem Küssen zum fröhlichen Doppelprost und vielleicht zu zwei Bockwürsten eingeladen würde.

Ich muß sagen, irgendwie gefiel mir der Kerl mit seiner unmöglichen Logik. Ich war drauf und dran, ihn anzuschnauzen, daß dies geradezu organisierte Bettelei sei und dachte doch zugleich, ihm eine Chance lassen zu müssen. Ich sagte also, daß ich ihn im Gottesdienst wohl schon mal gesehen habe. Ich würde aus dieser Sache vorm Dom deshalb nichts machen, wenn er mir klipp und klar zwei theologische Fragen beantwortete: „Gibt es Gott?" – „Gibt es keinen Gott?"

Liebe Freunde, ich mußte ihn laufen lassen. Ich sah, daß er lautlos auf den Lippen meine Fragen wiederholte: „G-gibt es G-Gott?" – „G-gibt es k-keinen G-Gott?", dann wieder ein Auge zukniff und antwortete: „Dja!"

De Heekt
(De Naber vertellt)

Weer ja gor nich mal so slecht, Heini Holtenbeen as Naber to hebben. Weer faken reinweg lustig. Mal weer ick wedder mit em an de Werser wesen, to angeln, un he harr warraftig mehr Gluck as ick, harr 'n feinen Heekt fungen. „K-kumm", sä he, „denn bringt wi g-glieks na Huus hen."

„Fro, hier is 'n feine Mahltied, k-kiek, sünd djust dree Pund. K-krieg'n man foors to Füer."

He meen aber, he könn woll noch 'n Fisch tofangen. Wi beiden also mit de Hungerpietschen wedder hen na de Werser dor unner de Tollbuden, weeßt Bescheed, to angeln un to luern, wat ja nich langwielig is, denn an un op de Werser, eerst recht dor bi de Buckschepen, is ja jümmer wat los.

As wi na verlopen Tied wedder an't Huus kemen, harr sien Fro (ick rök dat un konn ehr dat ok woll ansehn) den Heekt mit de Frundin von guntsiet den Snoor al vertehrt un fung an to legen: „Mit den Fisch hett mi dat leidig gahn, Heini; ick weer blots bi Mudder Böning, Peterzilljen to halen, dor hett de Katt den Heekt opfreten."

Heini Holtenbeen greep sick de Katt un kreeg se op de Wagg. Weern djust dree Pund. „Du

Donnerslag", bölk he sien Fro an, „wenn dit de K-Katt is, wo is denn de Heekt? Un wenn dit de Heekt is – wo is denn de K-Katt?"

Der Dieb
(Karl Lerbs erzählt)

Die Fama weiß zu berichten, daß einmal ein Dieb – es muß ein höchst besonderes, überaus verwegenes Exemplar gewesen sein – daß also, sage ich, ein Dieb nachts bei Heini Holtenbeen noch was zu finden glaubte und also bei ihm ins Haus stieg. Alles was er zu fassen kriegen konnte, (so die Fama) raffte er zusammen, steckte es in einen Sack, warf es sich über den Buckel und ging damit ab.

Kaum war er draußen, da hatte Heini Holtenbeen – oh, er brauchte gar nicht mal sehr flink zu sein – schon den Rest seiner Habe zusammengepackt und sich alles auf den Rücken geladen, so flink, daß er dem Dieb noch nachlaufen und ihn bis zu dessen Haus, wenn auch humpelnd, verfolgen konnte.

Dort angekommen, empfing ihn der Dieb mit den wohlgesetzten Worten: „Wat wullt du von mi?" (Es war also ein Plattdeutscher.)

Heini Holtenbeen vergaß in der Aufregung, daß er eigentlich auch ein Plattdeutscher war und sagte, im Bemühen, sich hochdeutsch zu äußern: „Indem daß ich doch denken tat, daß wir umziehn tun. Dennso bin ich hier dja wohl nich verk-kehrt."

Mudder Cordes ehr Esel
(Diedrich Steilen vertellt)

Mudder Cordes – wer kennt ehr woll nich – kümmt mit ehren Eselwagen ja ok mal von'r Tieber her na'n Stavendamm rin, wo se Kummskohl von'n neen Lanne uttoropen hett. Von de anner Sied, dat heet von't Landherrnamt, kümmt Heini Holtenbeen mit sienen Handwagen antrecken. „Ssüh dor, Mudder C-Cordes!"

„Ssüh dor, Heini Holtenbeen! Kumm doch nöger! Büst doch nich bang vör mienen Esel? Kumm man driest ran! Kraul em mal 'n beten, dat mag he!"

„Tschä, ick weet nich."

„Aber wat bögst denn blot djümmer ut!? Dat Deert deit di doch nicks. Is ja mien olen goden Esel! Heff em al langen!

„Weet ick, weet ick. G-gah dor aber lever nich to dicht ran. Bün bangen, he k-kunn mi op't Liev fallen!"

Er selbst
(Anton Kippenberg erzählt)

Heini Holtenbeen kommt spät nach Haus, von der Johanniskirche hat es schon zwölf geschlagen. Auf Socken (genau genommen natürlich auf einem) schleicht er sich in die Schlafkammer und tastet sich ans Bett. Aber das verflixte Holzbein! Zu ärgerlich! Die Frau, ach, sie hat immer zu gute Ohren gehabt, wird natürlich wach und fragt, noch halb im Schlaf: „Büst du dat, Heini?“

Brüllt er in seinem Ärger: „Dat much ick di ok raden hebben!“

Vergrellt
(Alma Rogge vertellt)

Reinweg in Wut kümmt Heini Holtenbeen op sinen Kollegen mit Namen Fernand Ies von de Deenstkeerls (Ecke Bredenstraten/Achtern Schütting) los un futert: „Mit di bün ick feertig, du! Mien Fro, de hett to mi seggt, du harst to dien Fro seggt, wat ick to di seggt heff, un wat du ehr nich seggen schollst!"

Seggt de Ies to Heini Holtenbeen: „So'n Aaskram aber ok! Heff ehr doch seggt, se schall dat nich seggen, wat ick to ehr seggt heff!"

Meent Heini Holtenbeen: „To laat is to laat! Man nu – nu segg blots nich noch, ick harr di dat seggt, datt du mi't seggt hest! Dat segg ick di!"

Warmbiersuppe
(Richter Smidt erzählt)

Ich nehme dja an, daß dies nicht unter den Paragraphen des Gesetzbuches vonwegen Schweigepflicht undsoweiter fällt. War dja auch öffentlich ganz und gar. Dies vorausgeschickt. Kömmt da doch eines schönen Donnerstags die Frau von dem pp. Holtenbeen, den wir dja alle kennen, zu mir, sozusagen eine Ehetragödie vor mir auszubreiten. Dja dja, sie habe, um ihren Kerl zu ärgern, das sei zuzugeben, letzte Woche die Abendsuppe, das Buttermilchswarmbier (mit Graupen in) kochend heiß auf den Tisch gebracht, habe dies angesichts seiner hungrigen Augen aber selbst vergessen, also schnell und um ihm zuvorzukommen, einen Löffel voll rausgeholt und sich so sehr den Mund verbrannt, daß ihr die Tränen gekommen seien. So weit, so gut.

Er, der besagte Ehemann, habe sie natürlich gefragt, ob die Suppe am Ende zu heiß sei. Worauf sie zugegebenermaßen scheinheilig zur Antwort gegeben habe, och nee, sie habe bloß an ihre Mutter selig, habe sie bloß eben denken müssen; dja, das sei ihr djust eben durch den Sinn gegangen. Die habe so'n Warmbier gar zu gern gemocht, und da seien ihr reinweg die Tränen bei gekommen.

„Abers nu“, sagte sie, „Herr Richter Smidt“,

sagte sie, „was meinen Sie, was nu kömmt? Is das 'n Grund, sich scheiden zu lassen, frag' ich Sie?"

Kurzum, er, der besagte Mann, habe sich einen Löffel voll aus dem Suppenpott rausgeholt, sich den Hals verbrannt und ebenfalls Tränen in die Augen gekriegt. „Und jetzt kömmt es, Herr Richter Smidt, jetzt kömmt es!" Als sie ihn ziemlich mitleidig, djadja, mitleidig gefragt habe, weshalb ihm denn nun aber die Augen so naß geworden seien, da habe er rausgeschlagen: „Mi deit blots leed, datt dien verdammte Mudder, do se dootblieben dä, datt se di nich mitnahmen hett!"

Mußte ihr leider, liebe Leute, zu wissen tun, daß dies zur Scheidung nicht ausreichend sei.

De Kanalljenvagel
(Moppenonkel vertellt)

De dreemal verdammte un vermuckte Keerl! Mutt em dat ok jüst bi mienen Stand dor op'n Freemarkt to Bremen, dor an'n Wall twischen Herdendoor un Bischopsnadel, överkamen, dat he ut de Bux mutt! Un kickt sick, ick krieg dat ja von mien Bude ut to sehn, vergeevs de Ogen ut na so'n Dör mit 'n Hart in, un kann al gor nich mehr still stahn un verswindt denn, so gau dat mit sienen hölten Foot man eben gahn will, bi mi achter mien lüttje Bude.

Knapp is he dormit dör, mit sien Geschäft, pui Deubel, ick will djust tospringen un em de Bicht verhören, do kummt dor 'n Schutzmann um de Eck. De dreemal verdammte Holtenbeen kriggt den natürlich ok foors to sehn. Deuker ok, den Hund kennt he, kennt he gor to good, de draff dor ja nich achterkamen! Gau den Hoot röver, över dat Makewarks, den stieben Bibi!

„Na, was haben Sie da?"

„Och, äh –", brubbelt de Heini Holtenbeen, de dreemal vermuckte, „och, äh – blots so'n littjen K-Kanalljenvagel. Floog hier so rum, heff em hier unner'n Hoot, kann em blot nich faatkriegen, nee, kann em nich faatkriegen!"

„Lassen Sie mich mal!" Un de Schutzmann

nimmt sienen Sabel bisiet, geiht in de Knee un langt unner den Hoot, ganz vörsichtig, könn den littjen Vagel ja dat Been afbreken, un – –

As he wedder hochkümmt, de Schutzmann, is de dreemal vermuckte Heini Holtenbeen weg. Un dat ahn Hoot. Un dor schall'n sick nu'n Vers op maken. Un sogar noch Riemels för't Bremer Freemarktspublikum!

Schwarzsauer
(Betty Gleim erzählt)

Die Bremer Küche hat ihre anziehenden Eigenarten, wie man weiß. Ja, sie gehört gewissermaßen zur bremischen Popularität, welches man wissen muß, um zu verstehen, daß man, mit der Bibel gesprochen, bereit sein kann, sein Erstgeburtsrecht gegen eine Mahlzeit Schwarzsauer zu verkaufen. In diese nun (welche man auch Blutsuppe nennt) gehört nach dem Rezept neben dem Blut, möglichst von Gänsen, und den von den Knochen aller Art gelösten Fleischresten, wie sie gerade anfallen, zwei Zwiebeln, eine Stange Porree, Pfeffer, Salz, zwei Lorbeerblätter, zwei Nelken, ein guter Schuß Essig, eine Prise Zucker, dazu Backpflaumen, weicheres Backobst und Syrup.

Dieses vor Augen, kann man verstehen, daß ein immer hungriger Mensch wie der mir nicht ganz unbekannte Heini Holtenbeen durchaus bereit war, wegen dieses Essens unter Umständen aggressiv und bösartig zu werden. Eines Mittags, als sie davon in ihrer kleinen Küche einen schönen Pott voll auf dem Tisch hatten, sagte er zu seiner Frau: „Is doch dat scheenste Eten, wat ick mi denken k-kann! Schade blots, in den Pott geiht doch g-gor so wenig rin."

Sie frug ganz richtig, was er damit sagen

wolle; sie seien doch ganz allein am Tisch, er und sie. Darauf er: „Ick will di seggen, mi weer't dat leevste, wenn hier blots de Pott weer mit sien Swartsuer, mit sien Backplummen un Lorbeer un Zyrup un ick un anners numms."

Die bremische Küche ist eben nicht zu übertreffen.

Allerhand Leckers
(Diedrich Steilen erzählt)

Heini Holtenbeen broch 'n schön't Stück fett Fleesch von de Slachtbank an'r Fleeschstraten an't Huus un fraag sien Fro, wat'n dorvon kaken könn?

Se sä un wög dat Stück in de Hannen un lick sick de Tungen: „Oh, du, von so'n schön't Stück fett Fleesch kann'n allerhand Leckers von kaken!"

„Na, denn", sä Heini Holtenbeen mit Grienen un lick sick de Tungen: „Denn kaak du us man gau allerhand Leckers!"

Spuk
(Friedrich Wagenfeld erzählt)

Auch in Bremen soll es, wie alte Leute berichten, nachts und zumal beim fahlen Mondenschein kein Vergnügen gewesen sein, über einen Kirchhof zu gehen. Gleichwohl soll es sich begeben haben, daß Heini Holtenbeen mal zur Herbstzeit nachts über den Stephanikirchhof mußte und daß er dort, von einem plötzlichen Schrecken gebannt, stehen blieb, ja, daß ihm die Büx zu bebern anfing, wie man sagt. Aus einem frisch ausgeworfenen Grab heraus hörte er eine Stimme; hohl klang es aus der Erde heraus: „Een mi – een di!"

Heini Holtenbeen blieb nicht lange stehen, oh ja, er konnte wohl laufen, wenn's drauf ankam und wußte dann auch, wohin. Beim Küster mußte Aufklärung und Rettung sein. Er also so schnell es bei ihm gehen wollte, bei demselben ans Fenster: „Spannuth, hör, hör! De Jungste Dag is anbraken! Dar sitt't all welke in't G-Graff un verdeelt de K-Knaken! Wüllt wi nich den Pastoren ropen un de K-Klocken lüden?"

Der Küster glaubte nicht an den Jüngsten Tag, erst recht nicht bei Nacht und auf seinem Kirchhof. Er hielt es vielmehr mit dem Rezept „Spuk gegen Spuk". Also ging er bei, ein Bettlaken über einen Schirm zu spannen, die Handlaterne anzuzünden und sich solchermaßen gespenstisch leuchtend auf den Friedhof zu begeben, wobei ihn der Heini Holtenbeen das letzte Stück auf die Schulter zu nehmen hatte. Die Wirkung blieb nicht aus. Die Grabinsassen, die da unten bloß die geklauten Nüsse aus dem Pastorengarten hatten teilen wollen, sprangen, vom Spuklicht hochgejagt, wie die Kattheker aus dem Grab und suchten ihr Heil in der Flucht, die Nüsse zurücklassend.

„Schönen Spök!" sagte der Küster mit Lachen. „Kumm, nu sett't wi us dor ünnen in't Graff. Kumm, ick help di dal! Schöne Nöt! Ssüh doch! Nu deel du man eben den schönen Hümpel! Aber so, as de leebe Gott deelen deit. Sünd wi doch hier op'n Karhoff."

Im Schein der nächtlichen Laterne betrachteten sie ihren Schatz. Es stellte sich aber heraus, daß Heini Holtenbeen inzwischen seinen Mut wiedergefunden hatte. Er gab dem Küster drei Nüsse. Mit dem Rest stopfte er sich alle Taschen voll.

„Minsch, Keerl – is dat denn richtig deelt?" fragte der Küster.

Darauf Heini Holtenbeen: „Heff ick nich daan, wat du wollst? So deit G-Gott deelen! Den eenen g-gifft he veel, den annern g-gor nicks. Harrst du seggt, ick schull deelen as 'n Minsch, so harr ick de beiden Hümpels lieke g-groot makt."

Häuslicher Streit
(Alma Rogge erzählt)

Es ist nicht zu unterschlagen, daß es im Hause Holtenbeen, Schnoor Nummer 6, öfters auch Streit zwischen den Eheleuten gab. Einmal gerieten sie oben auf dem Dachboden aneinander, und die Frau gab ihrem Mann in all ihrer Rage solch einen Tritt mit dem Fuß, daß er laut und ziemlich schnell nicht nur die Bodenleiter, sondern auch noch die Haustreppe bis unten hin runterkam. Just in dem Augenblick kam der Nachbar von Schnoor Nummer 3, der Produktenhändler Rosenblum in die Haustür und fragte denn ja, was das für'n Lärm gewesen sei.

Heini Holtenbeen sagte: „Heff 'n beten Striet hatt mit mien Fro."

Der Nachbar Rosenblum meinte: „Djadja, versteh, man bloß, mir war doch so, als wärst du ziemlich schnelle und mit'n teiflischen Lärm von oben gekommen."

Heini Holtenbeen sagte: „Djadja, bi den Striet is mien Fro mal wedder in Raasch kamen, un do hett se mien Box man so mit eenen Foottritt von'n Böhn dalstott."

„Kann denn aber dabei deine Bux so'n Lärm machen?"

„Minsch, Rosenbloom, wat snackst denn! Begriep dat doch, in de Box heff ick doch insteken!"

Der Täter
(Dr. Thulesius erzählt)

Och dja, was'n alles so erlebt hat, auch mit den Patschenten vom Tieferviertel! Mal zum Beispiel war mir der bewußte Heini Holtenbeen mit 'ner ziemlichen Blessur an der Stirn und halbwegs in absentia in die Sprechstunde gebracht worden. Als ich ihm den Schädel abzutupfen begann, schlug er die Augen auf. „Na, Sie sehen ja nüdlich aus", sagte ich, „der Täter hatte es wohl auf Ihr Geld abgesehen? Würden Sie ihn wohl wiedererkennen?"

Spricht er die goldenen Worte: „Woso woll nich? Meenst denn, Dokter Thule, ick k-kenn mien eegen Fro nich?"

De Düvel
(Friedrich Lindemann erzählt)

Einmal war ja Heini Holtenbeen krank, so krank, daß er im Bett liegen mußte und sich kaum noch rühren konnte. Es war wirklich schlimm, und seine Frau saß bei ihm und weinte, wie sich's ja gehört, wenn der Mann sozusagen auf'm letzten Lager zu liegen kommt. Gerade das Weinen aber ließ ihn nicht zur Ruhe kommen. Nervös und immer unruhiger sagte er zu der Frau, sie solle doch man aufhören mit Weinen. Sie solle sich lieber schön machen; so schön wie irgend möglich solle sie sich anziehen, ja ja, das Sonntagszeug zum Beispiel mit der Brosche, die er ihr doch mal auf'm Freimarkt gegeben, das solle sie anziehen, kurzum, er wolle sie, bitte sehr, so schmuck wie irgend möglich, hier an seinem Bette wissen.

Sie fing noch stärker zu weinen an. Das sei doch nun wirklich unmöglich, wo er doch eben so krank sei. Nein, das könne und könne sie nicht. Er meinte aber, wenn sie noch was für ihn über hätte, dann täte sie das alles, ohne sich zu sträuben.

Nun war sie aber ja 'n büschen was neugierig, wie manche Frauen ja sein sollen, wenn's drauf ankommt, und so setzte sie ihm mit Fragen und immer neuen Fragen zu, wieso und weshalb er sie denn, krank wie er da liege, mit solchen Wünschen überfalle. Er sagte: „Woll di dat ja g-geern seggen, Fro, bün blots bangen, du argerst di denn to'n lesden End noch över mi."

Nein, wahrhaftig nicht! Wenn er sich ihr voll anvertrauen, das heißt, wenn er ihr den Grund sagen täte, weshalb er das haben wolle, das mit dem Sonntagszeug hier und an seinem Krankenlager – wenn sie in dieser Sache klar sehn täte, dann würde sie ihm gewiß den Gefallen tun, und sogar gern.

Heini Holtenbeen sagte: „Meenst nich ok, best Deern – de Düvel, wenn de nu k-kümmt, mit mien Seel aftosusen un findt di denn hier in dien neet Tüch, so smuck un schön un mit de g-grote Brosch noch darto, meenst nich ok, dat de denn lever mit di afsusen deit as mit mi?"

Es braucht nicht ergänzt zu werden, daß die Frau daraufhin aufhörte zu weinen.

Stried
(Ottjen Alldag vertellt)

Heini Holtenbeen keem in Stried mit sienen Heringsbändiger, den Koopmann Wellbrock dor an'er Langen Wieren. De Kramer bölkt em an: „Du ole Schandpahl, du hest nicks Beters verdeent, du schast innehmen, wat – wat du verstüern deihst!"

Heini Holtenbeen bölkt: „Du K-Krintenschieter, du schast verstüern, wat du innehmen deihst!"

Der Doktor
(Dr. Thulesius erzählt)

Es muß dja woll im Herbst, wenn nicht in'm Spätherbst gewesen sein, nach Freimarkt djedenfalls, die Zeit also, wo unsere Ackerbürgerfamilien ihr Rind und ihr Schwein zu schlachten pflegten, wie z. B. die Stakes in der Wüstenstätte und die Schröders hinterm Schütting/Ecke Böttcherstraße, was beides dja Kornbrennereien mit eigenem Pferdegespann waren. Von diesen Schlachtfesten kriegte die weniger gut gestellte Nachbarschaft natürlich immer ihr alterhergewohntes Deputat ab, in Grützwurst undsoweiter. Dja, um die Zeit muß es gewesen sein, könnte sonst dja kaum angehn, mein ich. Da kömmt doch eines Abends, ich bin djust meinen letzten Patienten mit der zur Zeit grassierenden Angina tonsiliaris los – dja dja, also das naßkalte Wetter anner Weser (da hätten wir wieder die Zeitbestimmung) – der Bremer Onkel Doktor hat viel zu tun! Ich kriege djust meine liebe Geige aus'm Kasten für das Adagio d-moll von Mendelssohn opus 68 sowas, da klingelt das, als sollte die Feuerwehr wachgerüttelt werden, und inner Tür steht rein außer Puste, der mir nur zu gut bekannte alte Stratege Heini Holtenbeen und rabbelt los. Dja dja, die Frau hat zuviel von ihrm Leibgericht, vom nachbarlichen Schwarzsauer reingeschlungen, und das geht ihr so schlecht, daß sie nur noch rausbringen kann: „Den Dokter, Heini! Den Dokter!“ Und er, der Heini – die Mütze vom Nagel kriegen und die Jacke anziehn, das ist eins. Und die enge Holztreppe runter so gut das mit dem Holzbein gehn will, das ist auch eins, und denn raus ausser Tür, und – – als er losbritschen will, den Befehl auszuführen, da tut sich oben das Fenster auf: „Hett al Luft geben, Heini, geiht al wat beter.“

Weiter, von ihm erzählt, an besagtem Spätherbstabend, wieso er denn bei mir in der Tür mich in der Musik stören muß und so ausser Puste is? Na ja, wie ein Wilder isser ausser Haustür und den Schnoor runter, unten – er weiß da dja gut Bescheid – in den Gang „Hinter der Balge“ rein, denn ein Stück Gartenstraße längs, die Comturstraße rauf, denn in die breite Osterstraße rein und rauf auffer Domsheide, an'n Gustav Adolf vorbei nach Dokter Thuselius sein Haus. Und somit völlig ausser Puste: „Ick woll di man bestellen, Dokter, du brukst nich mehr to kamen!“

Dick un duun
(Alma Rogge erzählt)

Eenmal kummt Heini Holtenbeen mit'n bannigen Fesen de Marktstraten dalscheten. Do loppt em 'n feine Dam' inne Möt'. De Froons sund vor Dune ja jummer bangen as vor'n willen Ossen, un se, de Dam' will 'n groten Bogen maken. „Laat man, laat man, littje Fro", seggt Heini Holtenbeen, „de K-Kurven, de maak ick."

Stunden darnah hollt he sick op de Börsentrepp an'n Laternenpahl fast. Kummt dar 'n Schutzmann an. „Och, beste Mann", seggt Heini Holtenbeen, „känt Se mi woll seggen, wo laat dat is?"

„De Klock is halbig fiev."

„Morgens oder abends?"

„Abends."

„Hüte oder morgen?"

Blifft to berichten, datt de Schutzmann em stahn leet.

Himmel und Hölle
(Isaak Löwenstein erzählt)

Bin ich gekommen vom Hoya vonwegen Schabbes zu Synagoge unsriges in Bremen, man weiß, Gartenstraße hinter Gimnasium. Steht da vor Tür en Mann, ein schäbiger, und hält hin die Hand, wie Bettler tun und sagt, daß er mecht haben vielleicht en Groten oder aber noch besser Zigarre Brasil. Und tausend Särge schwimmen die Weser hinab, hinab, hinab, tausend Särge. Reit' mich der Beelzebub, ihm zu stellen die Frage, die alte: wann wird aufhören das Zeugen, Gebären und Sterben in der Welt? Will ich ihm geben Zigarre Brasil, wenn er wird sagen präzise mir das.

Fragt er in Deitsch, wann das werde aufhörn, das K-Kinnerkriegen und aufhören das Sterben? Sagt er in Platt: „Wenn Himmel un Höll vull sünd, denn hört dat op!"

War, Teufelssakra, zu klug der Mann, der Holtenbeen, Nachbar von Freund Rosenblum, wie nachher zu erfahren, da vor Synagoge hinter Gimnasium Gartenstraße. Mußt' ich ihm geben die Zigarre Brasil für halb en Groten und wollte doch, sakra, gar nicht.

Obernstraße und Schnoor
(Pastor Emil Felden erzählt)

Wo doch vor gar nicht so langer Zeit hierselbst von den Kanzeln gepredigt wurde, Bremen sei die Herberge der Kirche (wie auch am Weserbrückentor abzulesen), so wird es auch nicht wunder nehmen zu erfahren, daß der liebe Gott höchstpersönlich einmal durch unsere Stadt gewandelt ist. Kommt er, der liebe Gott, also auch an den Alten Wall – versteht sich, damals als derselbe mit seiner großen Windmühle noch verziert war – und sieht daselbst ungeachtet allen Sonnenscheins und allen Vogelgezwitschers einen Mann auf der Bank sitzen und weinen. Fragt der liebe Gott tröstlich väterlich, wie von ihm nicht anders zu erwarten: „Na, was weinst du denn, mein lieber Heini Holtenbeen", (den er natürlich sofort erkannt hatte) „ist dir denn nicht zu helfen?"

„Mich kann kein Mensche nich helpen!" sagt Heini Holtenbeen und hört nicht auf zu weinen.

„Ich bin aber der liebe Gott", sagt der liebe Gott.

„Das kann'n dja schon aus dein Hochdeutsch kann'n das dja schon raushörn", sagt Heini Holtenbeen. „Aber nee, wenn du ok hunnertmal de leebe G-Gott büst, helpen kannst du mi ok nich. Sühst du, dor unner us liggt dat rieke,

rieke Bremen mit all sien hellen und g-grootmächtigen Straten, Obernstraten, Osterstraten, Sögestraten, Bahnhoffstraten und mit sienen g-grootmächtigen Handel un all sien g-grootmächtigen K-Kooplüe, schick, schick un nix as Brasil in de Snuut. Un ick – ick bün man blots in'n Snoor, bün ick man to wahnen kamen."

Bleibt zu vermelden, daß sich der liebe Gott zu Heini Holtenbeen auf die Bank setzte und mit ihm zusammen weinte.

Wassermusik
(Käpt'n Bruns erzählt)

Tjä, von den Heini Holtenbeen, wenn'n da sowas wie 'n Begebenheit von zu'n Besten geben soll, da könnt' ich denn dja auch mit aufwarten. Saßen wir doch mal in'n Schnoor in 'n abendlich gemütliche Runde, dja dja, da ins Hotel, das heißt, in 'ner lüerlüttjen Gaststube von'ner „Stadt Bremen", hatten da Zuflucht gesucht vor so'n abasigen stillen Bremer Dauerregen, und das mit trink- und trunkfesten Kap Hornjes und sowasdaher und hatten sozusagen aus schier Schandudel auch den echten Schnoorjaner Heini Holtenbeen mit an'n Tisch gelotst. Na dja, wir tranken und tranken, was ßur Folge hatte, daß der Holtenbeen denn dja schließlich auch mal raus mußte, sein Wasser abzuschlagen. Wie gesagt, hatten wir so'n stilles Bremer Regenwetter, und wer da mal bei so'n Wetter durch'n Schnoor gegangen is, der weiß, wie das da schön und sinnig aus den Dachgossen rausklötern tut. Nu, der Heini Holtenbeen kam und kam nich retour, und ich denn dja schließlich rein in Sorgen raus und find ihn auch richtig da Ecke Süsterstraße. Steht da und steht und kuckt so sinnig, wie's regnen tut, ßwischen seine Stiefel. „Höh", sag' ich, „Heini Holtenbeen", sag' ich, „über 'n halbe Stunde tun wir nu schon auf dir töben! Büst dja al meßnaß. Woso kömmst denn nich wieder rein?"

„Hör doch, hör!" sagt er, „erst mutt ick doch woll ferdig wesen, ehrdat ick wedder rinkamen draff!"

Der Baum
(Wilhelm Scharrelmann erzählt)

An der Weser stehn ja hier und da schöne Bäume, geheimnisvoll rauschende Pappeln zum Beispiel an Ottjen Alldags Punkendeich, hohe Weidenbäume wiederum auf der Wichelnburg im Stephaniviertel, woher diese ja auch ihren Namen hat. Einmal an einem heißen Sommertag lag Heini Holtenbeen bei der Wichelnburg unter so einem großmächtigen Baum, um sich nach dem harten Geschäft seiner Börsenbettelei ein Stündchen auszuruhn, als sich eine Gruppe von Touristen zu ihm gesellte, welche ihn, wahrscheinlich um ihn zu foppen, fragte, was das eigentlich für'n Baum sei? Heini Holtenbeen, der sich gestört fühlte, blickte noch halb im Schlaf kurz nach oben und knurrte dann ebenso kurz: „Dja, dja, schönen Boom is dat!"

Genau in dem Augenblick ließ eine Krähe, die sich dort oben auf einer Astspitze zur geruhsamen Verdauung niedergelassen hatte, etwas fallen und nicht aus dem Schnabel, und so, daß Heini Holtenbeens „Gehrock" wie gezielt getroffen wurde. Nun wurde er doch wach. Er sah, daß er weiß bekleckert war, und nahm die Leute, die ihn gefragt hatten, aufs Visier. Ohne eine Miene zu verziehn, sagte er dann: „Ji weet't warraftig nich, wat dütt hier för'n Boom is? Ick k-kann't jo verraden. K-Kiekt mi an: 'n Qu-Quarkboom is dat!"

De Witfro
(Hinnerk Gronau vertellt)

„Segg mal, Hannes, wat ick di al djummer mal fragen wull, wat is eentlich ut de Stina Pikkenpank worden? Weeßt doch, hett hier doch fröher in'r Stabenstraten Nummer 7 mit inwahnt, bi den olen Flickschooster Harmsen, dja dja. Hett doch sonndags af un an G-Granat mit utropen, uthelpswies for Mudder Peimanns. Weer 'n ganz mobil Froonsminsch, düch mi. Ick weet nich, de heff ick all minnstens teihn Jahr, heff ick de nich mehr to sehn k-kregen."

„Weeßt dat denn nich, Heini Holtenbeen? De is doch duntomalen na de Neestadt is de doch hentagelt, tolesd na'n Teevkenbuddel, na den Gang dar. Aber in all de Tied is se al dreemal Witfro worden."

„Minsch, denn heff ick ja 'n Barg G-Gluck harrt!"

„Gluck seggst du, Gluck? Woso dat denn, Heini Holtenbeen?"

„Tschä, weeßt denn nich, datt de Stina 'n Tiedlang ok mit mi sotoseggen freet hett un dat se mi hebben woll? Dja dja, dat weer so. Wenn ick dat nu daan harr, weer ick ok al mit doot."

Der Wegweiser
(Robert Rickmers erzählt)

Nö, vonner Ähnlichkeit mit Heini Holtenbeen, die mir dja manchmal angedichtet wird, will ich hier nicks von sagen. Gesehn hab' ich ihn auf'r Börsentreppe als Zigarrenstummelsammler dja oft genug, und gesprochen auch. Aber einmal wollt' ich doch mal so meinen Spaß haben, wissen Se. Hatte Besuch aus Hamburg, ziemlich hochnäsigen, Cousin vonner Cousine, und der wollte vonner armseligen Bremer Altstadt mal so richtig was zu sehn kriegen. Leider, sagte ich, indem ich ihn zum Markt hin bugsierte, leider hätte ich selber wenig Zeit, aber der kleine Kerl da auf'r Börsentreppe, dja, der mit dem schäbigen Mantel und der angekauten Zigarre zwischen den braunen Zähnen, wenn er dem 'n halbwegs anständiges Trinkgeld gäbe, der wollte ihm wohl Auskunft geben. Er solle man fragen, wie er schnell und auf interessanten Wegen vom Markt zur Böttcherstraße hinkäme, sagte ich dem Hamburger, dem Cousin von meiner Cousine. (Hatte aber insgeheim dem Heini Holtenbeen schon 'n bessere Zigarre gegeben und 'n Wink vonwegen so und so undsoweiter).

Geht doch der Hamburger richtig auf den Holtenbeen los und fragt auf der Börsentreppe nach'm Weg nach'er Böttcherstraße und so, und viel Zeit hätte er nicht, lohnte sich wohl auch nicht, hier so rum viel Zeit zu verbringen. Ich seh', wie der Holtenbeen natürlich seine Bettelhand hinhält, auch brav was kriegt und denn mit'n Armen zu fuchteln anfängt und nach'm Dom hinzeigt und so, und wie denn der Cousin von meiner Cousine sich wahrhaftig Notizen macht und denn dja in Richtung Sandstraße loszieht.

Danach ließ ich mir berichten. Tjä, in Hochdeutsch hätte er Auskunft geben müssen, was denn dja 'n Groten mehr zu kosten hätte, bitte sehr. Im übrigen: Von'n Markt nach'r Böttcherstraße – der nächste und ingressantste Weg sei, in Hochdeutsch, bester Herr, so: Domshof, Buchtstraße, Imkengang, Wall, Hurrelberg oder G-Glockengang, Violenstraße, Osterstraße, C-Comturstraße, G-Gartenstraße, Marterburg, Spiekerbartstraße, Schnoor, Stavendamm, Langewieren, Tiefer, Martinistraße, Böttcherstraße! – „G-Good so?"

Bleibt zu sagen, daß ich dem Heini Holtenbeen an diesem Tage noch 'n Brasil zugesteckt hab' und daß sich der Besuch aus Hamburg ziemlich spät und ziemlich verdrossen zum Treffen im Ratskeller einfand.

Einseitige Unterhaltung
(Karl Lerbs erzählt)

Es geht die Sage zu Bremen, daß der Mann aus dem Schnoor – Sie wissen schon –, daß der mal von Osterholz-Scharmbeck, wo er aus guten Gründen die dortigen Zigarrenmacher besucht hatte, nach Bremen zurück fuhr, „Raucher" versteht sich, denn er hatte mit seiner Bettelei Erfolg gehabt. Mit ihm, so geht die Sage, stieg ein Reisevertreter ein, der, nachdem er seine Koffer verstaut hatte, sogleich, wie bei Reiseonkels üblich, Unterhaltung suchte. Das fing mit „Guten Abend" und „Schönen Tag gehabt?" und „Wohin geht's denn?" an. Die Sage weiß weiter zu berichten, daß sich der Heini Holtenbeen an jenem Tag lieber mit seinem Brasilumblatt oder mit der exzellenten Fehlfarbe beschäftigen wollte. Er schwieg also. Er tat, als verstünde er nicht und ließ die Zigarre mit ihrem Rauch lieber unter der Nase hin und her pendeln, den aufsteigenden Duft genießend. Der Herr Reisevertreter, gewohnt, andere überreden zu müssen, setzte noch einmal an, ob sich das Wetter wohl halten werde? Sein Mitreisender rührte sich nicht. „Do you speak English?" fragte er sodann und versuchte es, als auch das ohne Erfolg blieb, mit Französisch, mit Niederländisch und schließlich mit Polnisch. Da endlich soll es geschehen sein, daß ihn Heini Holtenbeen plietsch angegrient habe und, immer noch andächtig mit der Zigarre beschäftigt, nebenbei gesagt haben soll: „Q-Quäl di nich af! Ick bün 'n Esk-kimo!“

Brot
(Wilhelm Scharrelmann erzählt)

Heini Holtenbeen sitzt (ausnahmsweise mal) in der Straßenbahn und hat das Glück oder Unglück, einem Fahrgast gegenüber zu sitzen, der sich unbedingt aussprechen muß, auch über das Wetter zum Beispiel, über all den Regen und über das Hochwasser in der Stadt und zumal im Martiniviertel, und es sei doch ein Jammer mit all dem Korn, mit all dem schönen Roggen! Nein, daß dieses Jahr aber auch so schrecklich viel schon verdorben und der Rest von Korn, die letzten Hocken draußen, selbst auf'm Weyerberg nicht trocken mehr reinzukriegen seien. „Da wird das Brot noch knapp und teuer werden über Djahr", sagt der Fahrgast, „dat känt Se mi togloben!" und spannt vorsichtshalber schon seinen Schirm auf.

„Och", versetzt Heini Holtenbeen, „dar bruukt wi us hier in Bremen k-keen Sorgen um to maken. Wat wi sund, in'n Snoor, wi k-kriegt us Brot dja djummer bi Bäcker Hartke."

Dreimal Thema „Armut“

(Aus einer literarischen Runde
in Holtermanns Grogkeller
an der Schlachte)

1. Wilhelm Rocco:

Tschä, wenn ick denn afsluuts von em ok noch wat vertellen schall: Dat weer ja dunnemals, as de Holtenbeen op sine olen Dage von'n Snoor na de Grotenstraten hentagelt oder henverbrocht worden weer, int Armenhuus also. He harr sick dar sulvst to verplegen, weer also sotoseggen 'n neen Kunden for Slachter, Bäcker un Kramer dar. Natürlich harr sick allerhand von em un von sien Lebensaart bit hen na de Steffensstadt rumsnackt, un so fraagden de Lüe den neen Gast dar anner Jippen teemlich misstroosch denn eenes Daags, he harr doch, as bekannt, 'n ganzen Barg Schulden; off he de denn al afbetahlt harr? – „Afbetahlt nich“, sä he un kau mit Behagen an sinen Zigarrnstummel, „abers lichter maakt heff ick se mi, de Schulden.“

„Wat heet dat denn?“, fraagden de Lüe, „Afbetahlt hest se nich un doch hest se di lichter maakt?“

Heini Holtenbeen grien, slök 'n paarmal vergeevs dal, keek darna plietsch unner sinen stieben Bibi rut un sä denn, as wenn he 'n Unionsklass to'r Belehrung vor sick harr: „Ick heff se verdjähren laten!“

2. Friedrich Freudenthal:
Een von de Armen, will'k mal seggen, humpel mit sien Fro övert Markt. Bi jeden Fleeschstand bleben se bestahn, un denn (ick kreeg dat woll to sehn) denn gnuff he, wat de Keerl weer, de Fro, se schöll dat Fleesch, wat dar utleeg, heemlich aber düchtig afgrabbeln un so, datt ok ünner de Fingernagels arig wat von Fett sitten bleef. Ick sehg, datt se dat dä. Un he jüst so. Un so güngen se von eenen Fleeschstand to'n annern. Köpen dän se nix, aber de Fro harr al ganz fette un smärige Händen.

Welke von de Lüe dar op't Markt harrn dat ok wahrnahmen. Se güngen neeschierig mit mi achter jem her. Oplest frög ick, wat dat denn op sick harr mit dat schöne Paar? „Naja", sä 'n dicke Fro to mi, de sick 'n Fisch kofft harr, „ant Humpeln is to sehn, dat is de Heini Holtenbeen von'n Snoor. De mutt dat mit sien Fro af un an so maken, wenn de Tieden gar to slecht sünd. Djawoll, wenn se na Huus kaamt, spölt se sick heet Water över de Händen un puult sick de Fingernagels rein. So hebbt se denn 'n billige Zoppen."

3. Alma Rogge:
„Nein", sagte sie, „nein, das ist mir, weiß Gott, zu unappetitlich. Und da fehlt, weiß Gott, auch das Poetische bei. Armut kann doch auch ihr heimlich Poetisches haben. Auch wenn man bei der siebten Grogrunde davon zu erzählen

hat. Ich muß den schlechten Eindruck von eben, pardon, lieber Friedrich Freudenthal, den muß ich schnell wieder verwischen. Hör zu!

Heini Holtenbeen, der bewußte also, kriegte eines Tages im Spätsommer oder im Frühherbst (die Schonzeit für Enten war jedenfalls vorbei) auf dem Wasser der Bremer Neustadtspiepe eine schöne Menge Enten zu sehn. Dicht unterm Ufer schnatterten die da rum, sehr geschäftig und so dicht, daß er zu sich sagte: ‚K-kein Mensch zu sehn rund umßu, k-kannst man sehn, eine zu fassen zu k-kriegen.' Er also auf die Enten zu, die mit Bremer Zwiebacksbrocken anzulocken. Die flogen aber ja weg. Der Traum war also aus. Oder doch nicht? Es ist zu vermelden, daß sich der Heini Holtenbeen, der bewußte, ans Neustadtspiepenufer setzte und seine mitgebrachten trocknen Bremer Zwiebäcke stückweise ins Wasser stippte und daß ihn, während er dort saß und während er die nassen Zwiebacksstücke verzehrte, ein vorbeikommender Fischersmann fragte, was es hier denn zu vespern gebe. Worauf derselbe von Heini Holtenbeen leise und doch nicht verdrossen zur Antwort kriegte: ‚Wat't hier to vespern g-gifft? K-kannst ne k-kieken: Aantenbradenstippels!'"

Das schwarze Hemd
(Professor Tardel erzählt)

Heini Holtenbeen wurde eines Tages, als er ausnahmsweise mal wieder als Eckensteher, das heißt als Dienstmann, auf seinem Platz Ecke Stintbrücke/Bredenstraße Posten gefaßt hatte, gefragt, weshalb er zu seinem Dienst denn immer ein schwarzes Hemd trüge.

„Dat blifft ja jümmer witt!" war seine Antwort.

Tuchfühlung

(Schutzmann Meyerdierks erzählt)

Tschädja, den Holtenbeen, den hab' ich ja öfter und öfters nach Haus hin bringen, was sag' ich, nach Haus hin bugsieren müssen. Stand er doch oft genug in später Nacht an den unmöglichsten Stellen, sein Wasser abzuschlagen. Einmal, so weiß ich noch, in'r Buchtstraße, Ecke Glockengang. Sag' ich noch zu ihm: „Könn'n Se denn nich lesen? Steht doch sozusagen vor Ihren Augen, steht da doch: Verunreinigung verboten!" – Sagt er mit Grienen: „So hoch, Herr Schutzmann, bin ich dja gar nich gekommen!"

Dja dja, hab' ihn oft nach Haus hin bugsieren müssen. Einmal auch von'n Stavendamm weg. Aber partout wollt' er von da nich gleich in'n Schnoor rein. Nee, erst nach'r Tieber hin und denn von da in'e Holzpforten rein un denn durch'e Wüstestätte durch nach'n Schnoor zu. Unbegreiflich! Und doch nich unbegreiflich, wenn'n sich seinen Gang so richtig vorstellt. Schwankte er doch sozusagen, wenn er man Platz hatte, in'n breiten Fahrwasser von steuerbord nach backbord und retour. Also in Wellenlinie, in Seefahrtsdeutsch zu sprechen. In dem schmalen Zugang, von'r Holzpforte her zur Wüstenstätte rein aber fühlte er sich denn dja aufgehoben, hurra! Da konnt' er nich mehr schwanken, da standen die festen Hausmauern rechts un links so dicht beieinander, daß er nach djeder Seite hin Tuchfühlung hatte, wenn'n so sagen darf. Mehr als einmal hab' ich das belebt, daß er, da angekommen, so richtig aufatmen tat und daß er da lauthals an zu singen fing: „Wat leevde doch in fröhern Djahren so'n Küpermeister good, lang lang is't her, lang is't her!" In'r Wüstenstätte selbst schrie er aber alsdann vergrellt und die Arme weit ausgebreitet: „Nöger ran, ji olen K-Katen! Hoolt mi fast! K-Katen her, Wännen her, Huuswännen her!!"

War zum Lachen, wenn er die Häuser da ausschimpfte, daß sie zu weit von ihm weg gerückt blieben. Aber der Ausgang zum Schnoor war denn dja wieder ganz nach Wunsch. In dem engen Gang fing er denn wieder sein Küpermeisterlied an und sang es lauthals bis an seine Haustür Nummer 6, wo er plötzlich verstummte.

Dat Hunnenbieten geiht um
(Wilhelm Rocco vertellt)

Een Tied gung Heini Holtenbeen sien Fro 's abends geern 'n beten to'n Frundjen ut, un wat de Snoornabers weern, de kregen em vrnarren. Se sän: „Dien Fro hett twee Keerls!"

„Dat will ick ehr aflehrn!" meen Heini Holtenbeen un bleev waak, bit datt de Fro ut de Dör ruthuschen dä. Denn gung he bi, schott alle Dören dicht un sett sick dar hen, wo se rutbuckt weer. As se na verlopen Tied truggkeem, kunn se nich rin. Buten weer't koold, un so fung se denn an to ropen un to bedeln, he schull doch Barmen mit ehr hebben un ehr rinlaten. Man he beschimp ehr.

As se marken dä, alls weer vergeefs, reep se: „Wenn du mi nu nich rinlaten deist, versuup ick mi in de Regentunnen!" Darna nehm se 'n dicken Steen (von'n Bohnenpott) un smeet den in de Tunnen.

„Scholl se wahrraftig?" dach Heini Holtenbeen un sprung gau rut, na ehr to sehn. Knapp abers weer he buten, do se rin un dat Schott vor de Dör, un all sien Schimpen un Bedeln hulp nix. He keem nich wedder rin. „Gah du man na dien Mackers!" sä se, „laat di man Geschichten vertellen over dien Fro, du Rumdriever du!"

„Ick will't anner Maal nich mehr gloven", sä he noch.

„Na good, denn laat ick di anner Maal wedder rin!"

Die Hausnummer
(Richter Smidt erzählt)

„Pack schlägt sich – Pack verträgt sich!“ sagt der Volksmund, was denn dja auch, wie ich genugsam zu erfahren gekriegt hab', im Tieferviertel seine Gültigkeit hatte. Djadja, hab'r das Meine mit zu tun gehabt und oftmals hinterher oder „wenn sich das Gericht zur Beratung zurückzog“, denn dja auch festeweg gelacht. – Erscheint da doch eines schönen Donnerstags vor mir der Friseur von'n Stavendamm, Sagebiel hieß er, ein aufgeregter Kerl, der meint, den Heini Holtenbeen vor Gericht bringen zu müssen, weil er ihm nachts grobklötzig und kaum zu entfernen über seine Hausnummer mit'n dicken Kleister eine andere Nummer geklebt habe, dazu noch eine ganz und gar unmögliche, nämlich 63, wo doch der ganze Stavendamm bloß gut zwanzig Hausnummern hat. Daß eine Beleidigung dahinter stecke, sei ihm klar. Aber welche? Noch dazu alles so recht in Augenhöhe rechts von der Haustür.

Nu, ich dachte, laß dir den Spaß nicht entgehn und ließ den Holtenbeen mal wieder vorladen. Der gab alles zu, stand aber im übrigen da, griente sich einen weg, wie man sagt, und bestätigte ansonsten, daß es sich in der Tat um eine schabernacksche G-Gegenleistung handele. „Wieso denn aber ausgerechnet 63? Und denn noch groß darüber das Wort ‚Nummer'?" fragte ich, worauf sich sein Grienen noch verstärkte. Er trat sogar noch näher an mich heran und stellte plietsch die Gegenfrage, zur K-Kirche sei ich wohl lange nicht hin gewesen, was? Nee nee, die Nummer bleibe sein Geheimnis, aber: „Hebbt Se sick, Herr Richter Smidt, bi den Buddelbutsch dar an'n Stavendamm, bi den Sagebiel, al mal dat Gesicht afbulbutschen laten? Wenn nich, denn gaht Se man mal hen. Denn verstaht Se mi."

Bleibt in summa, liebe Freunde, zu erwähnen, daß die Holtenbeensche Hausnummer, nachdem sie am Stavendamm ihre Wirkung getan, wieder entfernt wurde, daß der Sagebiel mit seiner Klage aus Nichtigkeitsgründen abgewiesen wurde, daß mir selbst aber der Holtenbeensche Hinweis auf die Kirche nicht aus dem Kopf ging, bis ich den alten Domprediger Merkel einmal traf. Der klärte mich freundlich dahingehend auf, daß es sich um eine Gesangbuchsnummer handele. „Ja ja, Nummer 63, lieber Smidt! ‚O Haupt voll Blut und Wunden'!"

Mord und Totschlag
(Anton Kippenberg erzählt)

Die Schlachter hatten ja, als es noch keinen Schlachthof in unserer Stadt gab, ihre sogenannten Abfall- oder Bluttonnen an der Straße stehen, Tonnen, die mit ihrem Inhalt eigentlich zu Henny Durlachs „erschröcklichen" Bildern vom alten Bremen gehören.

Da soll es doch einmal am Stavendamm einen gräßlichen Lärm gegeben haben, der mit dem Schnoorbewohner Heini Holtenbeen und eben mit solch einer Schlachtertonne im Zusammenhang stand. Das Gehänsel der Jungs ist ihm, dem H. H. (nein nicht dem Ätsch-Ätsch, sondern dem Heini Holtenbeen) diesmal zu doll geworden, er hat sich einen der Bengels gefaßt und ihn auf seine Weise getauft. Der Kopf des Knaben ist ein Blut. Der Junge sagt auch schon gar nichts mehr, steht in all seinem Blut nur so da.

Gott sei Dank gibt es im alten Bremen aber auch Besseres, zum Beispiel den guten alten Richter Smidt, dem alsbald ein blutiger Junge und ein mehr oder weniger grinsender Heini Holtenbeen gegenüberstehn.

Der Richter Smidt sagt: „Gibt es in Bremen denn kein Wasser mehr? Kriegt den Bengel da mal unner de Pump! – For Heini Holtenbeen blifft dat bi minen Satz: Dree Dage – diesmal mit Bewährung!"

De Stadtstraten
(Willem Rocco vertellt)

Heini Holtenbeen, de harr twee gode Mackers, de wahnden eenanner in'n Snoor gegenover, de een Nummer 7, de anner Nummer 36. De een weer as Bote bi't Stadttheater anstellt, de anner bi dat Gaswark.

Eenmal 's abends, as se vont Beer keemen, kreegen se 'n groten Hund op ehre Straten to sehn, de maakde sick dar krumm, un as he sick wegmaken dä, do harr he dar wat achterlaten, dat weer mehr as von'n littjen Mops. Un leeg mitten op de Straten, akraat twuschen Huus Nummer seben un Huus Nummer sessundartig. De beiden goden Mackers kregen dat Strieden, op welke Siet dat to liggen kamen weer, wat de grote Hund dar henmaakt harr. De vont Stadttheater sä: „Dat is op dine Siete! Dat kann'n ja ruken, du Gaskeerl!“ De anner sä: „Dat bruuk ick gar nich nahtometen, dat seh ick so, dat is neeger bi di; du hest dat wegtoschuffeln, du Theaterputzer!“

De Striet word luut un hitzig, un oplest moss Heini Holtenbeen dartwuschen. „Aber wat striedt ji jo denn?“ sä he. „Is dütt hier, use Snoor, is dat denn woll nich 'n Stadtstraten? Wat fraagt ji, wer dat wegtoschaffen hett, wat de fromde Hund us dar präsenteert hett? Dat is doch den Bremer Zenaat sien Saak. G-Gaht man g-geruhig inne Puuch! Ick do dat ok."

Desulbige Nacht abers, dat weer um Wiehnachen rum, deck de Snee dat „corpus delikti" gnädig to.

Krankenbesök
(Georg Droste vertellt)

As Heini Holtenbeen noch in'n Snoor wahnen dä – in de ole wahnschapen Kaat Nummer 6, kannst di denken, – do harr dat bi em wedder mal dörregent, de Pannen weern wedder mal twei wesen, un he weer, leifig un fix as'n em ja kennen dä, na baben stegen un von't Dack fullen. He leeg also in't Bett, un wat sien Navers un Mackers weern, de kemen denn dja an un fraagden em, wo't em gahn dä. He seeg dja al tämlich kuntant wedder ut, meenen se.

He maakde man half de Ogen apen. Denn fraagde he: „Is hier een ünner jo, de al mal von't Dack fullen is?"

„Dat woll nich", säen se un keken sick gegensiedig an un schüddeln mit'n Kopp.

„Wenn dat so is", sä Heini Holtenbeen, „wo känt dji denn weten, wo mi tomoot is un datt ick al wedder tämlich kuntant ut de Ogen kieken do? Nee, dji sund alltohoop nich mien richtigen Mackers; dji sund noch nich von't Dack fullen. Schert djo man wedder na Huus!"

De Hund
(Ottjen Alldag vertellt)

Wat de ole Heini Holtenbeen weer, de keem ja mal over'n Dovendoorskarkhoff un kreeg dar 'n groten Hund to sehn. De weer just bi, sien Geschäft an'n Graffsteen to maken. Heini Holtenbeen, de dar ja sien erste Fro al begraben harr, pass dat nich, tomal he de Graffstäe dar jümmer best pleegt harr. Jeeds Jahr to Ostern harr he dar to'n Bispeel 'n Ammer vull Mest henbrocht. Dat weer se em wert, de Fro, sä he. Un denn wuß he natürlich ok, wat sick hört. He nehm also 'n Knuppel un wull den Hund eenen over de Näse hauen, aber de Hund wies de Tähnen. Weer 'n allmächtig groot Beest, so'n rechten Bullenbieter, un dat sehg gefährlich ut. Tjä, wat nu un wat schast maken, wenn du woll weeßt, wat sick hört un wat sick nich hören deit? – Heini Holtenbeen sä: „Chottja, heff mi woll versehn, K-Karo; laat di man nich stören, best Frund. Ssieh, ick legg den K-Knuppel ok al weg. Maak man, dja maak man, wat du djust eben maken wollst. So kann'k den Mest to Ostern sparen."

Tied un Geld

(Buddelbutsch von'n Stavendamm vertellt)

Sien Snack weer ja jümmer: „K-Kannst mi woll 'n G-Groten lehnen?“ Wo faken hebbt wi dat to hören kregen. Schier ut Spaß güng ick aber mal op'n Sonnagmorgen, as ick em halfwegs in Sonndagstüch von de Garenstraten her anpedden sehg, op em to. So un so, un ick weer bös in Verlegenheit, un of he mi woll mit 'n Daler uthelpen könn. Ja ja, ick muß unverwahrens gau na 'n Väsack hen, dar leeg 'n Tante von mi op't lesde Lager un so. „Halben Daler“, sä ick, „dat is genoog. Man mit dat Trüchbetahlen mußt mi 'n beten Tied laten. Du weeßt dat ja un kennst dat ja as man een; keen Minsch hett opstunns Geld. Wenn ick bi di nu ok noch 'n beten Tied kriegen kann – –“

Heini Holtenbeen maakde sien frundlichst Gesicht. He stöter (un op sowat harr ick ja halfweegs al op tövt), he stöter: „G-Geld k-kann ick di nich g-geben, aber wi sünd ja g-gode Bekkannte. Hest mi annerdaags mienen lesden K-Kusen noch so glatt un schön mit de Tangen rutreten; nee, G-Geld k-kann ick di nich g-geben, abers Tied will'ck di g-geben, soveel as du wullt.“

Rieden
(Heinrich Hohnholt vertellt)

Heini Holtenbeen wull bi Haberjahn op'n Freemarkt ok ja mal op'n Peerd stiegen, aber dat Deert leet sick nich ankamen. Heini Holtenbeen keem'r nich rop, soveel he sick ok afmarachen dä. Oplest füng he an, den olen Wallach to beschimpen.

Denn abers keek he sick um, un as he wiesweern dä, sien Freemarktskumpels harrn sick al wegmaakt un Bekannte weern dr nich, do sä he to sick sülvst: „Tjä, laat us man bi de Wahrheit blieben. Dat Peerd, dat is noch g-gar nich mal so slecht, man blot mit mi is nich veel mehr los."

De Jungste Dag
(Hinnerk Gronau vertellt)

Heini Holtenbeen kreeg wedder mal Stried mit sien Fro, un de bölk em an: „Paß du man op! Bold kummt for di de Jungste Dag!"

„Welken Jungsten Dag meenst?" gnurr Heini Holtenbeen, „den g-groten oder den littjen?"

„Wat heet dat: de grote oder de littje?"

„De littje, dat is de, den du maken deist; de g-grote k-kummt, wenn ick vergrellt weer!"

Gedankensünden
(Ottjen Alldag vertellt)

De Bremer Volksmund seggt, wenn'r twee Minschen to glieke Tied hohjahnen dot, leevt se noch 'n Jahr tosamen. Aber dor harr de ole Heini Holtenbeen, as he um de Sesstig rum sien Fro nich mehr opt Fell kieken kunn, nich an dacht. Paarmal harr se ok al seggt: „Ick mag dien ool scheef Gesicht gar ne mehr sehn!" Un he harr antert: „Bekiek di man sulvst in'n Speegel!"

Eenen Abend weer dat nu mit em so wiet, datt he halfweegs dach: ‚Wenn se weg weer, weer't beter.' Un he dach an dütt un dat, snack ehr tolest an, se kunnen doch man noch 'n littjen Rundgang maken, djadja, over de Werserbrugg na de Neestadt hen un an de Sank Pauli-Karken vorbi un denn von de Bruutstraten over de littje Werser langsaam wedder trugge. He dach: ‚Amennen heff ick dar 'n Schangs, dar op de Brugg.' Se leet sick besnacken, un he dach: ‚Wenn se dar in'n Stickendustern to'n Bispeel de littje Werserbrugg dalfallt, dennso – –'

Weer abers doch 'n teemligen Weg, von'n Snoor an, erst de Tieber langs, denn over de Brugg un denn Sank Pauli vorbi, Herrlichkeit un so, un de Fro weer so möe worden, datt se dar op de littje Werserbrugg, – djadja, jüst dor – dat Hohjahnen kreeg. He weer dar ok bestahn bleeben (wi weet't worum), un ssühdar, as se den Mund noch nich wedder tohett, kriggt em dat Hohjahnen ok to faten, un em gung dat dör un dör. ‚Mutt also noch 'n Jahr mit ehr utholen', denkt he, ‚draff also nich doon, wat ick in Gedanken doon woll'. Hohjahnen to glieker Tied.' Djadja, nix gegen to maken! K-kumm, Kolien, ward Tied na Huus. To'r rechten Tied hest du hohjahnt!'

Blifft to fragen, op welke Siet denn nu de Schutzengel weer, op ehre oder op sien Siet?

Vermißt
(Hinnerk Gronau vertellt)

Holtenbeen sien Fro is bi de Polzei, ehren Keerl, den olen Heini as vermisst to melden. Keen Minsch weet, wo he afbleeben is. „Hebbt Se 'n Bild von em?“ fraagt de Beamte. „Ja, dat heff ick“, seggt de Fro, „so'n neemoodschet sogar, so'n Gadroben- oder Typenbild oder wo dat heet.“ Se grabbelt dat ut ehre Handtaschen rut.

De Mann von de Polzei bekickt sick dat. „Aha“, seggt he, „Daguerotypie“, kickt noch 'n paarmal dat Bild an, denn de Fro wedder un meent oplest: „Natürlich kennt wi dissen Typ! Bliert Se abers wahrraftig darbi, wi schüllt em söken laten?“

De Hering
(Alma Rogge vertellt)

Op sine olen Dage kreeg de Heini Holtenbeen dat denn ja ok noch mit de Harthörigkeit. Löppt em eenen Middag, as he sick na't Armenhuus henpedden will, een von sien olen Nabers ut'n Snoor in den Weg. „Ssüh dor, Heini Holtenbeen! Djümmer noch halfwegs kuntant? Kummst denn her?"

„Ja ja, 'n Heern! Heff mi 'n suern Hering k-kofft."

„Snack! Ick frag di, büst noch good op'n Posten?"

„Wat de k-kost? Tjä, hett mi tweeunhalben G-Groten k-kost."

„Du Dämelack, kannst nich mehr hören? Ick fraag di, geiht di't noch good?"

„G-groot? Oh ja, schön g-groot is he."

„Och, lick mi doch in'n Moors, denn sünd wi för ditmal quitt."

„Hest recht, is jummer noch de billigste Mahltied!"

Starben
(Heinrich Hohnholt vertellt)

As Heini Holtenbeen mal wedder in'n Starben leeg (af un an keem dat vor), seet sien Fro an sien Bett to snuckern un meen denn: „Och Heini, ick kaam di bold na!“ Meenst, dat harr em hulpen? Miteens keem he wedder togang, stemm sick hoch un röchel: „Dar laat di man leever Tied mit.“

'n anner Maal leeg he swaar mit Hosten un keeneen geef noch 'n halben Groschen for em. As Dr. Thulesius keem, kreeg he unnert Bett 'n halv Dutz leddige Buddels to sehn, „Nordhüser“; un meen denn, bi den Hosten scholl de Putschent man leever sowat nich drinken. Heini Holtenbeen meen dat nich. He sä: „Ick schall also blot noch hosten?“

As noch de vergrellte Pastor Mallet von Stephanie keem, kreeg he de leddigen Buddels unnert Bett natürlich ok to sehn. „Ist das Ihr einziger Trost?“ froog he. „Oh nee“, seggt Heini Holtenbeen, „kiekt Se man mal unner use Kellerluken, Herr Pastor, dar staht noch mehr.“

Golden Hochtied
(Naver von'n Snoor vertellt)

Heini Holtenbeen un sien Fro harrn ja, as stadtbekannt, in eenssen weg Stried mit'nanner un buffen un gnuffen sick. Harrn se ok domals al daan, as se noch bi us op de Naverschupp wahnen deen. Nu weern se ja al langen in't Armenhuus in de Steffensstadt. Aber se gungen doch op de Golden Hochtied los, un ick droff nich vergeten, jem to graleern.

As de Hochtiedsdag rankamen weer, – oh, ick harr em good in'n Kopp – pedd ick mi den Snoor denn ja dal un dör de Hoge Straten, över'n Markt un de Langen Straten langs un denn ja rin in sien Hüsung, dor an de Groten Straten. Us' leeve Heini seet ganz richtig in de littje Dönz op't Sofa, swart Tüch harr he fierlich an un, as sick dat hört, wat von golden Blomen an de Bost. „Ssüh, Heini", segg ick, „dor büst du. Wull di woll graleern. Wo hest denn dien Fro?"

He sä, und sä dat ganz eernsthaftig: „Best K-Keerl", sä he, „endlich kann ick g-geruhig un ahn Stried mien G-Golden Hochtied fiern. Wat mien Fro is, de is vonnacht dootbleben."

Als er tot war
(Ludwig Roselius erzählt)

„Hamses schon gehört, lieber Schröder, daß unser getreues Anhängsel hier von der Börsentreppe, Se wissen ja, der Heini Holtenbeen, daß der denn ja auch gestorben ist?"

„Gehört? Nee! Hat er da denn so'n Lärm bei gemacht?"

„Na, Sie verstehen schon."

„Natürlich. Unser alter Zigarrenstummelsammler also. War doch bei djedem Wetter draußen. Fluchte bloß auf die Tage, wo keine Börse war. – Woran isser denn nu totgeblieben?"

„Wenn man das wüßte! Dokter Thule, sagt man, hat nichts feststellen können."

„Ja ja, der alte Holtenbeen! Gab einem immer was zu rätseln auf, haha!"

„Zu rätseln? Wieso denn, bester Schröder?"

„Na ja, früher wußte keiner, wo er denn eigentlich von lebte. Und heute kann keiner sagen, wo er an totgeblieben ist."

Am Himmelstor
(Wilhelm Scharrelmann erzählt)

Als es so weit war, wurde Heini Holtenbeen von Petrus gar nicht mal unfreundlich empfangen, wurde sogar gefragt, was denn seine Lieblingsmahlzeit sei. Dem Neuankömmling aus Bremen lag es erst auf der Zunge, „Gebackene Hähnchen“ zu sagen, er verbiß sich dies aber schnell, weil ihm der biblische Verleugnungshahn einfiel und er den Schlüsselgewaltigen doch nicht beleidigen wollte. Er sagte also nur: „Zum ersten, Knipp“, worauf Petrus, der wohl Gedanken lesen konnte, ziemlich kurz angebunden wissen wollte: „Und zweitens?“ Heini Holtenbeen sagte ebenso kurz: „Stint!“ Das sei aber jetzt nicht die Jahreszeit, bemerkte daraufhin der himmlische Torhüter, oder ob er zum Totensonntag etwa mit Aprilschauern nach oben raufgebracht worden sei? „Also, die Lieblingsmahlzeit?“

„Pluckde Finken!“ gab Heini Holtenbeen verdrossen zu verstehen, doch wogten in seiner Seele alsbald Freude und Niedergeschlagenheit durcheinander, denn erstens mußte er erfahren, daß der Petrus auch des Plattdeutschen mächtig war, zweitens aber, daß ihm die Himmelstür leider nicht offen stehe. „Um een so’n Pluckde-Finken-Eter könt wi hier nich ’n Extrapott to Füer bringen“, sagte Petrus. „Is beter, du geihst ’n Huus füdder.“

Schnäcke

De sick in Bremen will redlich ernährn, seggt Heini Holtenbeen, de mutt veel flicken un wenig vertehrn.

Süd, Noord, Oost, West, seggt Heini Holtenbeen, Bremen best!

Un wenn de Welt to Grunne geiht, seggt Heini Holtenbeen, denn gah ick na Hannober, dar heff ick Verwandte.

'n Minsch in Dokters Handen, seggt Heini Holtenbeen, un'n Vagel in Kinnerhand, de sünd bold oold noog.

Mit grote Herrn, seggt Heini Holtenbeen, is nich good Kasbeern eten, se speet eenen de Steene in de Ogen.

Maak mi keene Wippken vor, seggt Heini Holtenbeen, sunnst kummst du na'n Osterdoor.

Wer dat letzte ut de Kannen drinken will, seggt Heini Holtenbeen, den fallt de Deckel op de Snuut.

Reinlichkeit is't halbe Leben, seggt Heini Holtenbeen, un de anner Hälfte is Schiete.

Allens ward for Geld maakt, seggt Heini Holtenbeen, man blots keen Jumpfernschaft.

Dat harr ick mal doon schollt, sä Heini Holtenbeen, do harr de Kanalljenvagel in de Zoppenterrinen scheten.

Wenn dat Glück eenmal in'n Aars rin will, seggt Heini Holtenbeen, dennso helpt keen Tokniepen.

Mit eenen Aars, seggt Heini Holtenbeen, kann'n nich op twee Hochtieden danzen.

Elkeen sien Mäg, sä Heini Holtenbeen, Vadder, itt du Kohl, ick eet Speck.

Drapen, sä Heini Holtenbeen, do harr he sien Mudder int Oog smeten.

Wat helpt mi't, datt de Sünnen schient, sä Heini Holtenbeen, wo mi nu so dösten deit.

Leben un leben laten, sä Heini Holtenbeen, so smeet he sien Jack vull Lüse achtern Tuun.

Wat'r wesen mutt, mutt 'r wesen, sä Heini Holtenbeen, Sonndaags Fisch un Wittsand vor de Där.

Elkeen sien Mäg, sä Heini Holtenbeen, do eet he sien Kind de Melkspies' op.

Reinlichkeit is de Haupsake, sä Heini Holtenbeen, Jung, haal 'n Bessen un feeg den Disch af!

Wat de Heekt doch dünn is, sä Heini Holtenbeen, do harr he 'n Aal in de Hand.

Wenn'k man erst leeg, sä Heini Holtenbeen, do seet he op de Bettkant.

Ordnung mutt sien, sä Heini Holtenbeen, do brochen se em int Arbeitshuus.

Not kennt keen Gebot, sä Heini Holtenbeen, do kämm he sick mit de Gabel.

Dat sünd man sien Kneep, sä Heini Holtenbeen sien Fro, do leeg he int Starben.

Dat nenn ick Glück, sä Heini Holtenbeen, do beet em 'n Hund int holten Been.

Lust kost Geld, sä Heini Holtenbeen, do harr he 'n Groschen verdanzt.

Prost Mahltied, sä Heini Holtenbeen, do weer dr nix mehr.

All as't fallt, sä Heini Holtenbeen, as sien Fro mit'n Näsdruppel an de Näs em froog, of he 'n Pannkoken hebben wull.

Speck oder Swienfleesch, seggt Heini Holtenbeen, mi schall't egaal wesen.

Ick mutt Hulpe hebben, sä Heini Holtenbeen, Jung haal mi'n Buddel Noordhüser.

Wat de Minschen nich alls for Geld maken dot, sä Heini Holtenbeen, do segh he'n Apen danzen.

Dat's 'n düer Warms, sä Heini Holtenbeen, do smeet he de Vigelien int Füer.

Weern ji ehrder kamen, sä Heini Holtenbeen, denn harrn ji miteten kunnt.

Die Erzähler

Ottjen Alldag – Romanfigur aus Georg Drostes gleichnamigem Bremer Roman

Hans Casten – 1960 Verleger bremischer Bücher, u. a. „Plattdütsche Snäcke"

Georg Droste – 1935 Verfasser der Romantrilogie „Ottjen Alldag"

Emil Felden – 1920 Pastor von St. Martini, freisinnig, Schriftsteller

Friedrich Freudenthal – 1929 Schriftsteller, erster Herausgeber der Zeitschrift „Niedersachsen"

Betty Gleim – 1827 Autorin des ersten Bremer Kochbuches

Hinnerk Gronau – 1965 Kringbaas, Begründer der Rablinghuser Speeldeel

Johann Hohnholt – 1950 Plattdeutscher Lyriker zu Bremen

Anton Kippenberg – 1958 Verfasser des Buches „Geschichten aus einer alten Hansestadt", Begründer des Inselverlages

Karl Lerbs – 1945 Schriftsteller, Autor der Bücher „Der lachende Roland" usw.

Friedrich Lindemann – 1950 Roman-Schriftsteller und Redakteur

Isaak Löwenstein – 1914 Viehhändler in Hoya

Oskar Mauritz – 1920 Domprediger, freisinnig

Wilhelm Rocco – 1897 Verfasser plattd. bremischer Romane

Alma Rogge – 1969 Aus der oldenburgischen Marsch stammende Schriftstellerin zu Bremen

Ludwig Roselius – 1943 Kaffeegroßkaufmann, Begründer der HAG, Erbauer der Böttcherstraße

Wilhelm Scharrelmann – 1950 Schriftsteller, Autor von Büchern und Bühnenwerken aus dem Schnoorviertel

Hermann Smidt – 1910 Sohn des großen Bürgermeisters Johann Smidt, Richter und plattdeutsches Original

Diedrich Steilen – 1961 Heimatforscher, Vorsitzender des Vereins für niedersächsisches Volkstum

Hermann Tardel – 1951 Professor, Sprachforscher, Herausgeber des Buches „Bremen im Sprichwort"

Eberhard Thulesius – 1910 „Dr. Thule", Arzt an der Domsheide, Musikfreund und plattdeutsches Original

Friedrich Wagenfeld – 1846 Schriftsteller, Verfasser des Buches „Bremische Sagen"

Johannes Wiegand – 1944 Direktor und Mitbegründer des Schauspielhauses

Kleine Hilfe für Quidjes (Nichtplattdeutsche)

annerdaags	neulich
afsluuts	absolut
Aftritt	Toilette
bögen, utbögen	ausbiegen
duntomalen	damals
faatkriegen	zu fassen kriegen
fallen, dalfallen	runterfallen
harstdaags	Herbsttags
Harthörigkeit	Schwerhörigkeit
Heekt	Hecht
Heern	Hering
Hungerpietschen	Angel
Kaat	Kate
Kanalljenvagel	Kanarienvogel
Krintenschieter	Korintenscheißer
Kruuthoff	Gemüsegarten
Kusen	Backenzahn
kuntant	beweglich
Makewarks	Machwerk
messnatt	durchnäßt
Mest	Mist
Naber, -schupp	Nachbar, -schaft
neihen, verneihen	verprügeln
nöger	näher
opstunns	heutzutage
plietsch	verschmitzt
Putz	Schutzmann

sluken, dalsluken	runterschlucken
stieben Bibi	steifer Hut (Pralinée)
tageln	umziehen
töben	warten
Tied, verlopen Tied	nach einiger Zeit
utneihen	weglaufen

Heinrich Binder

Der Heini von Bremen

300 Seiten

Ein Bremer Roman um 1900. Das elektrische Licht wurde eingeführt, das Fahrrad kam auf, Heini erlebt das alles mit. Bremer Originale und Sonderlinge wie Fisch-Lucie, Meister Ordemann und Friedrich Ebert, der Bremer Gastwirt aus der Brautstraße und spätere Reichspräsident, sind meisterhaft getroffen. Amerika, Ziel und Faszination vieler Menschen damals, Land der unbegrenzten Möglichkeiten, hatte auch Heini ergriffen, er ging an Bord des Schnelldampfers „Kaiser Wilhelm der Große" und dampfte ab. Heiterkeit und Frohsinn sind hier mit Hintergründigkeit gepaart. Der trockene bremische Humor hat in diesem Roman seine literarische Form gefunden.

Hermann Gutmann

Geschichten aus dem Schnoor

116 Seiten

Im alten Schnoor begann in vergangenen Jahrhunderten das bremische Leben. Diese Geschichten erzählen von den Menschen dort, die hart arbeiten mußten, die ihre Marotten hatten, und die in der Geborgenheit dieses Viertels lebten. Eines jedoch fehlte hier nicht: menschliche Wärme.

Johann Heinrich Döll Verlag
Bremen-Oberneuland

Hermann Gutmann

Hafen-Geschichten

116 Seiten, 6 Zeichnungen

In unseren Häfen ist ein Menschenschlag beschäftigt, der – bei allem Ernst für die Erfordernisse der täglichen Arbeit – nie seinen Sinn für komische Situationen und für eine heitere Betrachtungsweise des Lebens verloren hat. Nirgends blühen und gedeihen Döntjes so gut wie in den Häfen. Hermann Gutmann hat in seinen Erinnerungen aus alten Hafenzeiten gekramt, er hat sich umgehört und sich Notizen gemacht. Und daraus ist dieses Buch entstanden, in dem aber auch in fröhlicher Unbekümmertheit über die Geschichte der Häfen in Bremen, Vegesack und Bremerhaven geklönt wird.

Sven Kölle

Was in ein' so steckt

Die wahren Geschichten über Kapitän Segelken
120 Seiten mit Abbildungen

Geschichten aus einem Leben auf See, in den Tropen und im Bremer Kontor. Es ist ein Stück vergangenen Bremer Seemannstums. Für Leute, die deftige Kost mögen, denn Kapitän Segelken war ein kraftvoller und fröhlicher Seemann vom alten Schlag.

Johann Heinrich Döll Verlag
Bremen-Oberneuland